Nordpolarmeer

...aptewsee

Barentss...

Europäisches
Nordmeer

Ochotskisch
Meer

Japanisches
Meer

Mittelmeer

Rotes
Meer

Arabisches
Meer

Golf von
Bengalen

Ost-
chinesisches
Meer

Süd-
chinesisches
Meer

Golf von
Guinea

...scher
...an

Indischer
Ozean

Südlicher Ozean

Hubert Reeves

Yves Lancelot

Wie kommt das Blau
ins Meer?

Hubert Reeves
Yves Lancelot

Wie kommt das Blau ins Meer?

Die Ozeane unseren Enkeln erklärt

Aus dem Französischen
von Annabel Zettel

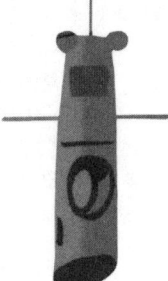

C.H.Beck

Titel der französischen Originalausgabe:

La mer expliquée à nos petits-enfants

© Editions du Seuil, 2015

© Verlag C.H.Beck oHG, München 2016

Gesetzt aus der MrsEaves im Verlag

Druck und Bindung: CPI – Ebner & Spiegel, Ulm

Umschlagentwurf: Geviert, Grafik & Typografie, Andrea Janas

Umschlagabbildung: © Olivier Balez, Santiago de Chile

Gedruckt auf säurefreiem, alterungsbeständigem Papier

(hergestellt aus chlorfrei gebleichtem Zellstoff)

Printed in Germany

ISBN 978 3 406 68867 6

www.beck.de

Inhalt

Vorwort   7

Das Meer kommt aus dem Weltraum   15

Bedeutet Wasser Leben?   19

Blau und salzig   27

Die Gezeiten, der Mond
und die Sonne   31

30 Meter hohe Wellen   39

Die Strömungen:
Herz, Arterien, Lungen   43

Das große Wirbeln der Winde   47

Das Wasser der Tiefsee   53

Die Geburt eines Ozeans   59

Die Vermessung des Meeresgrundes   63

Die Plattentektonik   69

Vulkane unter dem Meer   75

Das Ballett der Kontinente   83

Die Meeressedimente,
Archive der Erde   89

Die biologische Pumpe   95

Das erstickte Meer   101

Fische in Gefahr   107

Wasser für alle   113

Auf ins Meer!   117

Danksagung   121

Vorwort –
Die ganze Weite des Meeres ermessen

Wir taten gut daran, zu zweit zu sein, als wir begannen
über das Meer zu schreiben. Als unsere Enkel es mit uns
gemeinsam beobachteten, war ihnen selbst noch nicht
bewusst, dass ihre Fragen uns so weit in Zeit und Raum
hinein führen würden. Wie jeder (oder fast jeder) lieben sie
das Meer um der Freuden willen, die es den Sinnen, der
Empfindung, der Fantasie spendet. Und allein die Macht,
die es über unsere Träume hat, ist beachtlich. Wir haben es
jedoch mit der Anziehungskraft eines Teils der Welt zu tun,
der dem menschlichen Leben fundamental fremd ist.
Man findet es schön, dass es das Meer gibt, aber letztendlich
könnte man auch darauf verzichten...
Nun hat aber die Wissenschaft seit fast 50 Jahren außergewöhnliche Entdeckungen gemacht, durch die das Meer
für die Zukunft der Erde zu einem zentralen Thema
geworden ist. Das, was wir heute über das Meer wissen,
über seine Ursprünge, seine Entstehung, seine physika-

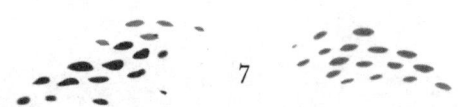

lische Beschaffenheit, über seine Bewegungen, seinen Einfluss auf die Klimaveränderungen, zwingt uns, es aus einem anderen Blickwinkel zu betrachten: nicht als ein Element unter vielen auf der Erdoberfläche, sondern als das Herz eines globalen Systems, von dem das Gleichgewicht des Planeten abhängt.

Das Meer ist für uns unverzichtbar!

Um eine angemessene Vorstellung des Meeres vermitteln zu können, haben wir unsere Kenntnisse und Betrachtungsweisen vereint. Nur ein Astrophysiker (Hubert Reeves) konnte den Bezug des Meeres zum Universum erläutern und erklären, was das Meer uns über das Sonnensystem lehrt. Ein Ozeanograph (Yves Lancelot) wiederum war in der Lage, es im Kontext der Erdgeschichte zu betrachten und in seine tiefsten Tiefen einzutauchen. Auf diese Weise haben wir mit einer gemeinsamen Stimme auf die Fragen unserer Enkel geantwortet.

Mit den anderen jungen Menschen ihrer Generation werden sie den Planeten in jenem prekären Zustand von uns erben, in dem wir ihn hinterlassen. Stärker als wir in ihrem Alter haben sie ein Empfinden für seine Verletzlichkeit entwickelt und wissen, dass sie auf ihn achtgeben müssen. Daher wollten wir ihnen helfen, nun selbst die Geheimnisse des Lebens zu durchdringen. Wir wollten ihre Neugier wecken, ihnen Anreiz geben, mehr zu erfahren, zu erkunden, zu entdecken, damit sie sich ihre Begeiste-

rungsfähigkeit ungebrochen erhalten können. Wir weisen Großväter haben sie uns bewahrt, und wir sehen so gerne, wie sie in den Augen unserer Enkel funkelt...

Hubert Reeves, Yves Lancelot

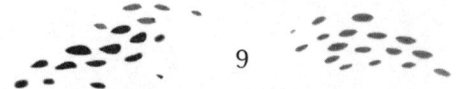

Da wir nun beisammen sind, um über das Meer zu sprechen,

kommt, schauen wir es uns doch einfach gemeinsam an! Ich liebe es,

hierher zu kommen, mich auf diese Felsen zu setzen, den Horizont

zu betrachten und dabei an gar nichts zu denken…

Du hast recht, wenn man über das Meer erzählen möchte, dann sollte man es zuerst betrachten! Aber so wie ich dich kenne, wirst du nicht sehr lange «an nichts denken», auch wenn du das selber glaubst.…

Doch, das kann ich dir versichern. Wenn ich aufs Meer blicke,

dann bekomme ich den Kopf frei. Ich finde es so unermesslich und

schön. Ich liebe das Sonnenlicht, das sich unaufhörlich ändert,

den feuchten Sand, der bei Ebbe glitzert, die Geräusche der Wellen

und der Möwen. Und was ist mit dir, an was lässt es dich

denken?

An die Freiheit, an den Himmel, die Sterne, ich gerate in Aufbruchstimmung. «Freier Mensch! Das Meer ist dir teuer allzeit». Diesen Vers von Baudelaire liebe ich sehr.

Das ist wahr, ich fühle mich auch freier, ich vergesse die Dinge, die mich belasten, ich atme auf, ich kann entfliehen...

Und trotzdem ist eine wirkliche Flucht unmöglich!

Doch, sie ist möglich: du musst nur an Bord eines Schiffes gehen. Du selbst hast das schon hunderte Male getan.

Ja, aber man kann noch so weit in See stechen und noch so lange fort bleiben, man kehrt doch immer zurück, denn das menschliche Leben ist für das Meer nicht geschaffen. Im Übrigen ist vielleicht gerade das der Grund, warum es uns so anzieht. Natürlich können wir mit einem Boot recht gut für ein paar Monate auf ihm leben. Aber grundsätzlich können wir es nicht bewohnen, denn es ist nicht unser natürliches Milieu. Da wir nun auf diesen Felsen sitzen, siehst du die Mengen von Wasser vor uns, unermesslich, wie du gesagt hast? Wusstest du, dass sie drei Viertel unseres Planeten bedecken? Und trotzdem haben wir Erdbewohner darin keinen Platz! Ist dir das bewusst?

Darüber habe ich tatsächlich nie nachgedacht! Dann ist das Meer also wie eine andere Welt...

Ja, es ist anders und viel stärker als wir. Das Meer ist Teil unserer Welt, und gleichzeitig entzieht es sich uns immerfort. Du könntest das Gleiche unter dem Sternenhimmel empfinden, wenn du über die Unermesslichkeit des Universums nachdenkst, in dem unser Lebensraum praktisch

nichts darstellt. Allerdings ist uns das Meer viel näher: Es ist da, es ist Teil der Erdgeschichte, du kannst es berühren, darin baden...

Und vor allem ruft es Träume wach. Als ich klein war, fragte ich mich zum Beispiel, wo es aufhört. Ich sehe den Horizont in weiter Ferne, aber ich fühle, dass dieser Horizont nicht die Grenze des Meeres ist. Er ist nicht der Rand eines riesigen Schwimmbeckens, es muss etwas dahinter geben, und wenn ich sehe, wie die Schiffe langsam am Horizont verschwinden, dann weiß ich, dass sie nicht untergegangen oder auf der anderen Seite hinunter gefallen sind. Sie sind anderswo, so weit weg, dass ich sie nicht erreichen könnte, selbst wenn ich meinerseits in See stechen würde. Ich glaube, dass ich mich immer eines fragen werde: Wo ist es zu Ende, das Meer? Das ist eine etwas dumme Frage, oder?

Überhaupt nicht. Im Gegenteil. Es ist eine schöne Frage. Ich habe sie mir ebenfalls gestellt, als ich klein war, und obwohl ich mein Leben damit verbracht habe, die Ozeane zu erforschen, fasziniert mich diese Frage noch immer genauso wie dich: Was liegt hinter dem Horizont? Du weißt natürlich die Antwort, wenn du dir einen Globus anschaust, und trotzdem erklärt das nicht dieses Geheimnis, das du fühlst. In der Kosmologie ist das, was man Horizont nennt, nicht ganz diese Linie, die du dort hinten siehst, wo das Meer und der Himmel verschmelzen. Dennoch bleibt die Frage die gleiche. Wir können die

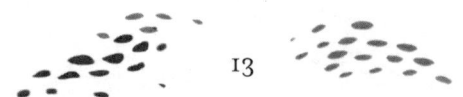

Galaxien beobachten, aber nur bis zu einem bestimmten Punkt, und auch hier fragen sich die Wissenschaftler: Was liegt jenseits dessen, was wir sehen können?

Gibt es andere Universen? Ja, die Unermesslichkeit bringt uns zum Nachdenken. Man denkt nicht an nichts, man denkt sehr schnell an eine Menge grundlegender Dinge. Angesichts der Unermesslichkeit kommen nicht eine, sondern zehn Fragen auf, probier es aus!

> *Woher kommt all das Wasser? Ist es dasselbe wie am Anfang?*
> *War es schon vor den Kontinenten auf dem Planeten?*
> *Hat es sie wieder bedeckt? Gibt es ein einziges Meer*
> *oder mehrere?*

Bravo! Siehst du, wie schnell du zum Wesentlichen vordringst!

Das Meer kommt aus dem Weltraum

Danke für das Kompliment, aber jetzt ist es an Dir,
diese Fragen zu beantworten!

Fangen wir mit der einfachsten an: Ja, es handelt sich um ein einziges Meer, in dem Sinne, dass all das, was wir hier vor uns sehen, diese weite Fläche salzigen Wassers, «das Meer» ist, und im Übrigen ist es nicht falsch, wenn man sagt, man befände sich «am Ufer des Meeres», ob man sich nun wie wir in diesem Augenblick in der Bretagne am Atlantik, am Ärmelkanal oder am Ufer des Mittelmeers befindet. Aber in der Geographie bezeichnet man dieses Weltmeer als «Ozean». Man unterteilt ihn in drei große Einheiten (Pazifik, Atlantik und Indischer Ozean), zu denen man noch das Nordpolarmeer und den Südlichen Ozean an den beiden Polen hinzuzählt. Man behält sich das Wort «Meer» für bestimmte kleine Abschnitte dieser Ozeane, hauptsächlich in Küstennähe, vor. Die dortigen Anwohner haben ihnen im Laufe der Zeit Namen gegeben. Man kann etwa ein Dutzend davon benennen. So spricht man von der Nordsee, von der Norwegischen See, vom

Mittelmeer, vom Gelben Meer, vom Roten Meer, vom Kaspischen Meer, vom Toten Meer...

Trotzdem: Wie gelangte das Meer auf die Erde?
Es gibt mehrere mögliche Erklärungen. Zunächst musst du wissen, dass es im Universum bereits lange vor der Entstehung der Erde Wasser gab, und dass man noch heute große Mengen von Wasserdampf in den kosmischen Nebeln beobachtet, die über die Milchstraße verteilt sind, ebenso wie in der Nähe sich bildender Sterne. Es gibt dort millionenfach mehr davon als in allen Meeren auf der Erde.

Also kommt das Meer von den Sternen?
Es kommt aus dem Weltall. Die klassischste, aber heute vermutlich überholte These ist, dass das Meerwasser sehr früh in der Geschichte des Planeten durch die Ausgasungen eines Teils der im Erdinneren verschmelzenden Materie entstand. Sehr heiße Gase hätten sich demnach von diesem Magma gelöst und abgekühlt, sie wären kondensiert und hätten dabei eine Art Sintflut verursacht, in deren Verlauf sich das Wasser in den Vertiefungen der Erdoberfläche sammelte. Aber eine andere, neuere Theorie geht davon aus, dass das Wasser der Kollision mit Kometen entstammt.

Kometen voll mit Wasser wie Wasserbomben,
die dann explodierten?

Ja, so hat es sich wohl in etwa abgespielt. Als unsere Erde und die Sonne vor 4,57 Milliarden Jahren entstehen, existiert unsere Galaxie schon seit fast zehn Milliarden Jahren, und die kosmische Materie ist bereits zur Genüge mit Wasser angereichert. Die Sonne ist von einem Tross von Planeten umgeben, unter ihnen auch unser zukünftiger Planet, die Erde. Weiter entfernt befindet sich eine gigantische Wolke aus Kometen, die größtenteils aus Eis bestehen. All diese Himmelskörper, die um die Sonne kreisen, kollidieren während der ersten Millionen Jahre ihrer Entstehung immer wieder mit der Erde. So haben also womöglich die Kometen große Mengen an Wasser freigesetzt, das sich auf der Erdoberfläche ausbreitete. Lange Zeit hat man es als schlechtes Omen gedeutet, wenn Kometen an unserem Himmel auftauchten. Man hielt sie für Vorboten von Naturkatastrophen. Heute hingegen wissen wir, dass sie uns ein erhabenes Geschenk gemacht haben: das Wasser, das der Grundbaustein für die Entstehung des Lebens, also für unsere Existenz ist.
Wir verdanken ihnen alles!

Wenn ich im Meer schwimme, umgibt mich dann immer noch das Wasser, das von den Kometen kommt?

Ja, es handelt sich seit jeher um dasselbe Wasser, aber nicht in denselben Sammelbecken. Die Ozeane, so wie wir sie kennen, sind viel jünger als die Erde, da sie sich erst vor 200 Millionen Jahren gebildet haben, aber das Wasser, das sie enthalten, ist viel älter als sie selbst. Und, was außergewöhnlich ist, ihr Gesamtvolumen ist konstant, unabhängig von der Form der Becken, und hat sich im Laufe von Millionen Jahren nicht verändert. Natürlich verdampft Wasser durch die Wärme der Sonne, um dann als Regen wieder hinab zu fallen (was uns im Übrigen trinkbares Süßwasser beschert), aber dieser Kreislauf betrifft nur einen winzigen Teil der Gesamtmenge an Wasser.

Bedeutet Wasser Leben?

Du sagtest, das Wasser sei die Quelle des Lebens. Heißt das,
dass nur auf der Erde Leben existiert… zumindest, wenn es auf
anderen Planeten kein Wasser gibt?

Ganz genau! Es ist möglich, dass es auf anderen Planeten
des Sonnensystems Wasser gibt oder gegeben hat, wenn
auch in kleinen Mengen. Auf dem Planeten Mars etwa hat
man Spuren von Rinnsalen entdeckt, die mit den Fluss-
netzen vergleichbar sind, die wir hier bei uns kennen.
Der Saturnsatellit Titan sowie die Jupitersatelliten Europa
und Ganymed weisen Oberflächen aus Eis über vermutlich
salzhaltigen Wasseransammlungen auf, aber bisher hat man
dort noch kein organisches Molekül entdeckt. Wenn das
der Fall wäre, dann müssten wir unsere Definition dessen,
was Leben ist, natürlich erweitern. Denn der Begriff in
deiner Frage, der am schwierigsten zu fassen ist, ist nicht
das Wasser (dessen chemische Zusammensetzung, H_2O, das
heißt zwei Wasserstoffatome und ein Sauerstoffatom, wir
sehr genau kennen), sondern das Leben. Es ist eine äußerst
plausible Hypothese, dass das Wasser ein grundlegendes

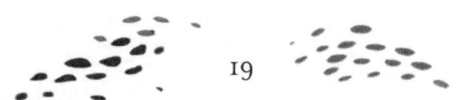

Element für die Entstehung des Lebens ist, so wie wir es auf der Erde kennen, aber wir können nicht wissenschaftlich belegen, dass sie mit Sicherheit richtig ist. Der Ursprung des Lebens bleibt die größte und tiefgreifendste Frage der Wissenschaft. Man hat beispielsweise Organismen erforscht, sogenannte «Extremophile», die, wie ihr Name schon sagt, in der Lage sind, sich in extremen Milieus zu entwickeln, ohne Wasser, Licht und sogar ohne Sauerstoff. Man kennt Bakterien, die auf ein Kilometer dicken Sedimentschichten auf dem Grund der Ozeane überlebt haben, bei sehr hohen Temperaturen (etwa 350 °C), oder aber jenes Tabakmosaikvirus, das in gelöstem Zustand aktiv ist, aber zur leblosen Materie wird, wenn es kristallisiert. Wo verläuft also die Grenze zwischen Leben und Tod? Wir sind es, die sie setzen, aber vielleicht ist das Leben in der Natur ein kontinuierlicher Prozess, mit verschiedenen Zuständen, von denen wir keine Vorstellung haben und die es noch zu entdecken gilt.

Aber zumindest weiß man, dass das Wasser vor der Entstehung des Lebens auf der Erde war. Wenn ich das richtig sehe, kann man gerade daraus schließen, dass es für etwas von Bedeutung ist.

Das Problem ist, dass die ersten Organismen, die auf der Erde gelebt haben, keine Spuren hinterlassen haben. Die ältesten Spuren von Lebewesen sind bestimmte

Fossilien, die aus Gestein bestehen und die 3,5 Milliarden Jahre zurückdatieren (also etwa eine Milliarde Jahre nach der Ankunft des Wassers). Diese Organismen, die aus Bakterienkolonien hervorgegangen sind, können eigentlich kaum mit einem Mal aufgetaucht sein, ohne dass es zuvor andere lebende Organismen gegeben hätte. Oder vielleicht gibt es bestimmte Spuren, die wir nach unseren heutigen Kriterien nicht als «lebend» einstufen würden und die wir demnach nicht erkennen können? Du siehst, es bleibt noch so vieles zu entdecken über das Geheimnis des Lebens!

Was ich faszinierend finde, ist die unglaubliche Vielfalt der lebenden Organismen. Wie ist sie entstanden?

Wie du es bereits erfasst hast: Wenn das Wasser der Ursprung des Lebens ist, dann erscheint es nur natürlich, dass das Meer ein idealer Lebensraum geblieben ist. Man findet dort noch heute alle möglichen Arten von Tieren und Pflanzen, von den einfachsten bis hin zu den komplexesten: von Bakterien, äußerst primitiven Lebewesen, Einzellern ohne Zellkern, bis hin zu hochentwickelten Säugetieren wie den Walen. Wenn alles im Meer begonnen hat, dann sind die pflanzlichen Organismen sehr früh, vor 500 Millionen Jahren, auf die aufgetauchten Landmassen übersiedelt. Die Tiere folgten ihnen vor ungefähr 360 Millionen Jahren nach. Sie haben sich an ihre Umgebung angepasst, und das ermöglichte eine spektakuläre

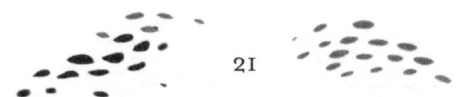

 Artenentwicklung. Aber all diese irdischen Organismen blieben auf das Wasser angewiesen. Man kann sagen, dass sie «das Wasser mit sich genommen haben», als sie auf der Erde Fuß fassten. Unser Körper zum Beispiel besteht etwa zu 65% aus Wasser. Die Pflanzen auf der Erde enthalten etwa 75% bis 95%. In uns sind sehr wohl Spuren unseres marinen Ursprungs zurückgeblieben, wie die Tatsache, dass wir neun Monate lang in einer Flüssigkeit heranwachsen, bevor wir geboren werden und beginnen zu atmen. Wir sind praktisch noch Geschöpfe des Meers!

Heißt das, dass wir mit den Organismen, die
das Meer besiedeln, verbunden bleiben?

Ja, und wir sind sogar von ihnen abhängig. Nicht nur, weil sie uns interessante Ressourcen bieten, sondern vor allem, weil diese Meeresorganismen unmittelbar zum Funktionieren unserer Umwelt beitragen. Ich denke hauptsächlich an Plankton-Organismen, die das Klima regulieren, indem sie ein Gleichgewicht zwischen Kohlendioxid und Sauerstoff in der Atmosphäre aufrecht erhalten und unseren Erdplaneten bewohnbar machen. Von der Bakterie über eine ganze Reihe komplexer Organismen und Ökosysteme bis

zu den Fischen und schließlich bis hin zu den Walen ergibt sich hier ein lebendiges Zusammenspiel, das uns schützt und das wir deshalb unsererseits bewahren müssen. Darauf werden wir sicher später noch zurückkommen.

Ja, das werden wir ganz bestimmt! Aber jetzt im Augenblick möchte ich noch einmal auf die anderen Planeten zu sprechen kommen: Kann man Wasser außerhalb des Sonnensystems ausmachen? Und Leben?

Das ist nicht ausgeschlossen. Genau das wird man vielleicht eines Tages auf den extrasolaren Planeten entdecken. Man hat schon fast 1000 von diesen Exoplaneten, die um andere Sterne als unsere Sonne kreisen, identifiziert, und es ist sehr gut möglich, dass man auf manchen von ihnen flüssiges Wasser finden wird. Stell dir vor, man würde gasförmigen Sauerstoff in ihrer Atmosphäre nachweisen: Das wäre ein guter Grund anzunehmen, dass es dort Leben gibt, denn dieser molekulare Sauerstoff findet sich derzeit nur auf der Erde, und wir wissen, dass er durch das Leben entsteht. Die Entdeckung von Sauerstoff auf einem anderen Planeten würde die gesamte Biologie revolutionieren!

Das wäre aufregend, der Erforscher der Exoplaneten zu sein!

Aber erst einmal können wir uns darauf einigen festzuhalten,

dass die Erde der einzige Planet des Sonnensystems ist,

der eine so große Wassermenge besitzt, oder?

Ja, darüber sind wir uns einig. Und ich werde dir auch erklären, was die Erde zum idealen Wirt für unser gutes H_2O macht! Sie ist exakt so weit von der Sonne entfernt, dass die Temperatur auf ihrer Oberfläche sich konstant in einem Bereich bewegt, der mit dem Vorkommen von flüssigem Wasser kompatibel ist.

Und eine andere Eigenschaft ist, dass bestimmte Gase in unserer Atmosphäre einen «Treibhauseffekt» gewährleisten, der die Durchschnittstemperatur regelt. Ohne diesen «Treibhauseffekt» würde die Temperatur bei $-18\,°C$ anstelle der $15\,°C$ liegen, die wir heute kennen, und Wasser fände sich nur im gefrorenen Zustand.

Aber man muss die Wassermenge auf der Erde auch relativ sehen. Denn auch wenn die Ozeane 71% ihrer Oberfläche bedecken, sind sie durchschnittlich nur 3,5 bis 3,8 Kilometer tief, abgesehen von einigen extremen, bis zu 11 Kilometer tiefen Gräben. Das ist gar nichts im Vergleich zum Erdradius, der etwa 6370 Kilometer beträgt. Wenn du also den gesamten Planeten wie eine Kugel aus fester Materie betrachtest und nicht als die Oberfläche einer Sphäre, dann macht die Wassermenge weniger als ein Tausendstel der Erdgesamtmasse aus...

Diese unendliche blaue Weite, auf die wir nicht
verzichten können, ist also nicht unerschöpflich
und bleibt fragil.

Blau und salzig

Du sprichst von der unendlichen blauen Weite. Das stimmt,
wenn ich an das Meer denke, dann sehe ich es blau vor mir,
und wie wahrscheinlich alle Kinder habe ich es auf meinen Bildern
blau angemalt. Da schau, heute ist das Wetter schön,
und das Meer ist blau wie der Himmel, obwohl es hier in der
Bretagne, wo es oft viele graue Wolken gibt, manchmal
auch fast braun erscheint. Ist das Meer also blau,
weil der Himmel blau ist?

Nein, es liegt nicht daran, dass der Himmel blau ist.
Wenn du ein Glas mit Meerwasser füllst, dann spielt es
keine Rolle, ob du es aus dem Pazifik unter gleißender
Sonne oder aus dem Ärmelkanal an einem Regentag
schöpfst, dein Wasser bleibt so transparent wie dein Glas.
Du kannst es noch so lange unter einen blauen Himmel
stellen, das Wasser wird farblos bleiben. Wenn du damit
aber mein Schwimmbad füllst, dessen Boden und Seiten-
wände weiß gekachelt sind, dann wird es blau werden.
Das Gleiche gilt für einen See in einer Grotte, wo der
Himmel nicht sichtbar ist. Das bedeutet also, sobald man

eine gewisse Menge Wasser betrachtet, ob es sich nun um Süßwasser oder Meerwasser handelt, dann erscheint es einem blau. Der Sankt Lorenz-Strom in Québec, ein sehr großer Fluss, ist ebenfalls blau wie das Meer. Warum? Das kommt durch die Interaktion von Licht und Wasser. Wie du weißt, enthält das Sonnenlicht die Farben des Regenbogens, Rot, Gelb, Blau. Die Wassermoleküle absorbieren die roten und gelben Strahlen und senden nur die blauen zurück. Wenn aber der Himmel grau und das Sonnenlicht weniger stark ist, dann erscheint das Meer trotzdem schmutzig, grau oder braun. Und wenn bestimmte Algen darin treiben, die viel Chlorophyll enthalten, welches vor allem die blaue Komponente der Sonnenstrahlen absorbiert, dann kann es alle möglichen Grüntöne annehmen, bis hin zu Türkis in den Lagunen des Pazifik oder um die Bahamas. Wenn hingegen fast kein Plankton existiert, wie in bestimmten «Meereswüsten» mitten im Pazifik, dann ist das Meer ganz und gar blau. Es zeigt dann ein so tiefes, reines Blau, wie du es sonst nie zu sehen bekommst, nicht einmal im Mittelmeer.

Und warum ist das Meer salzig? Ist das auch wieder ein Streich der Kometen?

Keineswegs: Die Sterne, die Kometen oder der Mond sind hier überhaupt nicht beteiligt. Das Salz stammt von den Kontinenten und wird über die Flüsse transportiert. Diese

waschen den Untergrund von Felsen aus und lösen nach und nach Moleküle von ihm ab, vor allem Natriumchlorid (das Salz) oder Kalium, das sie bis an ihre Mündung mit sich führen, und das Salz reichert sich dann im Meer an.

Aber man würde denken, dass es wieder in den Kreislauf zurückkehrt...

Ja, das ist auch der Fall, aber der Teil, der sich recycelt, ist im Vergleich zu der Salzmenge, die sich im Meer befindet, sehr klein. Sein Salzgehalt bleibt also fast konstant. Ich bin davon überzeugt, dass das Meer vor einer Milliarde Jahren ungefähr genauso salzhaltig war wie heute.

Was ich nicht verstehe: wie kommt es dann, dass das Mittelmeer viel salziger ist als der Atlantik?

Wovon ich spreche, das ist der Salzgehalt der Meere weltweit. Aber du hast recht: Man kann auf der Erdoberfläche hinsichtlich dieses Salzgehaltes sehr große Unterschiede feststellen. Diese Abweichungen entstehen durch die Verdunstung, also durch die Intensität der Sonnenstrahlen. Das Tote Meer, ein Binnenmeer von geringerer Größe, über dem ein sehr heißes Klima herrscht, stellt einen Extremfall dar, denn sein Salzgehalt ist so hoch, dass man in ihm viel besser schwimmt als etwa im Mittelmeer. Das meiste Salz findet sich außerdem in den Salzgärten wie der Camarque oder der Guérande. Der Mensch nutzt

das Salz seit langer Zeit. Bei den Ägyptern und dann bei den Römern war das Salz sogar sehr wertvoll – man nutzte es insbesondere zur Konservierung von Nahrungsmitteln. Es stellte ein Luxusgut dar, mit dem man sehr gewinn- bringend handeln konnte... nicht in dem Maße allerdings wie um einiges später mit Öl, das im Übrigen auch Salz enthält, weil es sich oft in mariner Umgebung bildet.

Aber schauen wir uns weiter das Meer an:

Was siehst du noch?

Die Gezeiten, der Mond und die Sonne

Ich sehe, wie sich das Wasser bewegt, viel stärker als das der

Flüsse... Ich lasse mich von dieser wiegenden Bewegung treiben.

Es ist merkwürdig, sie ist zugleich regelmäßig wie die Wellen,

die Gezeiten, und unregelmäßig: von einem Tag auf den anderen,

manchmal von einer Stunde zur anderen ist das Meer

plötzlich anders, es war still, wird unruhig, dann stürmisch.

Es erscheint mir unberechenbar...

Damit sprichst du etwas Wesentliches an: Das Meer ist ein instabiles Medium, in einem Maß, wie du dir das noch gar nicht bewusst machst (aber wir wollen nichts vorwegnehmen!). Die Flüsse bewegen sich ebenfalls, aber man versteht sofort wie und warum: Meist entspringen sie einer Quelle, die aus der Erde hervorsprudelt, sie erhalten zusätzlich Schmelzwasser von Höhengletschern und Wasser aus Niederschlägen, sie rieseln zunächst vor sich hin, graben dann ihr Bett in Richtung eines Gefälles, das sie zum Meer führt. Die globale Strömung eines Flusses, selbst wenn einige von ihnen vielfachen Unregelmäßigkeiten unterworfen sind, lässt das Wasser immer in die

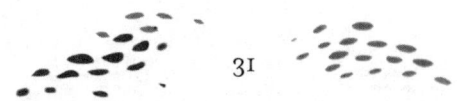

gleiche Richtung fließen – von Berg zu Tal. Das Meer
hingegen bewegt sich aufgrund von mehreren Faktoren,
auch wenn es selbst eigentlich bewegungslos ist. Wie du
das auf See zweifellos schon bemerkt hast, kommt es aber
auch vor, dass man sich auf einem ganz glatten, ebenen
Meer befindet, ohne Wogen oder Strömung… aber natürlich nimmt man auch in diesem Fall einige Wellen wahr,
winzig kleine Wellen oder Bewegungen, die von der offenen
See herrühren. Das Meer ist ein reaktives flüssiges Medium,
das seine Bewegungen nicht selbst hervorbringt. Und der
Grund für seine Bewegungen kann manchmal sehr weit
entfernt von dem liegen, was du beobachtest: Zum Beispiel
kann der eben erwähnte Seegang auf dem offenen Meer
von Winden ausgelöst worden sein, die hunderte von
Kilometern hinter dem Horizont wehen. Du hast also
recht, bestimmte Bewegungen des Meeres sind vorhersehbar
oder zumindest regelmäßig: die Gezeiten, die Strömungen,
die Wellen, die reguläre, zyklische und rhythmische
Phänomene sind. Andere Bewegungen sind hingegen
zufällig…

Dann fang doch damit an, mir die Gezeiten zu erklären.
Für mich stellen sie die regelmäßigste aller Bewegungen dar.
Zu Hause haben wir einen Kalender mit den Zeiten und den
Amplituden von Ebbe und Flut: Diese Angaben sind ebenso
präzise wie ein Zugfahrplan! Ich habe gehört, dass die Gezeiten

durch den Mond verursacht werden.

Kannst du mir mehr darüber sagen?

Das ist richtig, aber noch nicht alles: Die Gezeiten bezeugen
das große Phänomen der Planetengravitation. Auf der Erde
rühren sie tatsächlich von der Anziehungskraft des Mondes,
aber auch von der Sonne her, wie du sehen wirst.
Beginnen wir mit dem Mond. Wie du weißt, ist er ein
Satellit der Erde, der 27 Tage für einen Umlauf braucht,
während die Erde 24 Stunden benötigt, um sich einmal
um sich selbst zu drehen. Wie du auch gelernt hast,
wirkt die Gravitationskraft auf jede Materie: Man spricht
von der «universellen Anziehungskraft». Durch diese
Anziehungskraft also hebt der Mond die Teile der Erdkruste
an, die in seine Reichweite gelangen: Auf dem Meer
macht sich das ganz deutlich durch Anhebungen von
mehreren Metern bemerkbar, aber mit hochempfindlichen
Instrumenten kann man auch kaum wahrnehmbare
Bewegungen feststellen, denen die Kontinente während
der Mondpassage unterworfen sind. Diese Bewegungen
bezeichnet man als Gezeiten.

Warum gibt es dann davon zwei am Tag, wenn der Mond
nur ein einziges Mal täglich an einem bestimmten Punkt vorbei
zieht, zum Beispiel hier an dieser bretonischen Küste?

Eine sehr gute Frage. Man hat lange gebraucht, bis man
darauf eine Antwort gefunden hat. Sie kam wieder einmal

33

von Newton, der nicht nur die Existenz der Gravitations-kraft erkannte, sondern auch deren Funktionsgesetze.

So weißt du, dass die Gravitationskraft umso geringer ist, je weiter sich die Massen, die sich gegenseitig anziehen, voneinander entfernen. Der Mond zieht den Bereich der Erdoberfläche am stärksten an, der sich unmittelbar unter ihm befindet: Das erklärt einen der beiden Gezeitenwechsel am Tag. Warum aber gibt es zwei davon? Da die Mond-anziehung auf der dem Mond zugewandten Seite stärker ist als im Zentrum der Erde und auf der entgegengesetzten Seite schwächer, werden beide Hälften in die Länge gezogen. Die Erde wird also leicht verformt, ein wenig wie ein Rugby-Ball, und es entstehen zwei kleine symmetrische Wülste auf ihrer Oberfläche. Während der täglichen Umdrehung sieht also jeder Punkt der Erdoberfläche zwei Erhebungen des Meeres. Deshalb haben wir zwei Gezeiten pro Tag mit vergleichbaren Amplituden.

Die Gravitationskraft müsste sich doch aber in beide Richtungen auswirken: Verursacht die Erdanziehung so etwas wie Gezeiten auf dem Mond?

Gut mitgedacht! Und stell dir vor, das ist der Fall:
Der Mond wird durch den Einfluss der Erde in die Länge gezogen, ebenso wie sich die Erde durch die Anziehungs-kraft des Mondes verformt. Außerdem hat diese Kraft, die den Mond leicht deformiert, allmählich auch seine

Bewegung verzögert, und er hat sich von der Erde entfernt, die ihrerseits wiederum ihre Umdrehung verlangsamt hat: Zu Zeiten der Dinosaurier drehte sich die Erde innerhalb von 17 Stunden einmal um sich selbst, während sie heute 24 Stunden dazu braucht. Und der Erdtag wird kontinuierlich länger, je kleiner die von der Erde aus sichtbare Oberfläche des Mondes wird. Du siehst, das Universum hört nicht auf, sich zu verändern.

Du sagtest, dass die Sonne für die Gezeiten auch eine Rolle spielt. Wie das?

Immer wieder durch den gleichen Vorgang: Die Sonne übt eine Anziehungskraft auf die Erde aus. Auch wenn die Sonne viel größer ist als der Mond, so ist sie doch zugleich viel weiter von der Erde entfernt, weshalb diese Anziehungskraft viel schwächer ist. Dennoch erklärt sie die Amplitudenunterschiede der Gezeiten. Wie du weißt, erfolgen die sogenannten «großen Gezeiten» zur Zeit der Tagundnachtgleiche, im März und im September, das heißt, wenn Tag und Nacht gleich lange dauern, oder auch, wenn Sonne und Mond in der gleichen Achse stehen, sich ihre Gravitationskräfte also vereinen, um eine größere Anziehung auszuüben und das Meer noch stärker anzuheben. Während der Sonnenwende hingegen befinden sich die Achsen von Sonne und Mond im rechten Winkel zueinander, und sie wirken beide in entgegengesetzte

35

Richtungen, weshalb weniger starke Gezeiten verursacht werden.

Diese Gezeitenwirkung begegnet einem im gesamten Sonnensystem. Wir wissen zum Beispiel, dass aufgrund der Gezeitenwirkung zwischen der Erde, dem Mond, der Sonne, aber auch Jupiter und Saturn alle 100 000 Jahre eine Eiszeit eintritt. Sie alle sind daran beteiligt. Merk dir also Folgendes: Die Erde ist eine Kugel, und sie dreht sich; diese beiden Dinge bestimmen viele andere physikalische Phänomene.

Warum haben bestimmte Meere, zum Beispiel das Mittelmeer, keine Gezeiten?

Weil sich die Gezeiten durch Resonanz verstärken. Stellen wir einen Vergleich an: Wenn du deine kleine Schwester auf eine Schaukel setzt, dann wirst du ihr zunächst einen Schwung geben, der die Schaukel nur wenig in Bewegung setzt. Danach genügt es, wenn du sie in regelmäßigen Abständen wieder gleichstark anstößt, und die Schaukel wird nach und nach eine sehr große Höhe erreichen. Dasselbe passiert auch mit den Gezeiten. Für sich genommen, handelt es sich um sehr schwache Impulse, aber wenn sie sich über einen weiten Raum hinweg vereinen, dann gelangen sie zu großer Wirkung. In Wahrheit gibt es im Mittelmeer Gezeiten, aber weil der Raum und das Wasservolumen gering sind (im Vergleich

zur unermesslichen Weite des Ozeans), sind ihre Auswirkungen nur sehr schwach wahrnehmbar. Das Mittelmeer
ist ein kleiner See!

30 Meter hohe Wellen

Verdanken wir auch die Wellen der Anziehungskraft
des Mondes?

Nein, auch wenn du den Eindruck hast, dass sie es sind,
welche die Gezeiten vorantreiben, hängen sie nicht
vom Mond ab: Der Wind bringt sie hervor.

Verändern sie sich deshalb unentwegt? Hier an der Küste
in der Bretagne habe ich wirklich eindrucksvolle Exemplare
gesehen. Wie hoch können sie werden?

Darüber wird viel diskutiert. Wir haben wenige verlässliche
Beobachtungen, denn die Seeleute neigen dazu, in ihren
Berichten zu übertreiben. Aber man muss zugeben,
dass es schwierig ist, die Höhe der Wellen von einem Boot
aus, das selbst durch den Sturm durchgeschüttelt wird,
richtig einzuschätzen. Normalerweise müsste es einen
direkten Zusammenhang zwischen der Windstärke und der
Höhe der Wellen geben, aber das ist keineswegs der Fall.
Die höchsten, die ich selbst während meiner zahlreichen
Seefahrten beobachten konnte, waren nicht höher als acht

bis zehn Meter, was bereits sehr eindrucksvoll ist, allerdings wurden sie auch durch sehr starke Stürme mit Windgeschwindigkeiten über 60 Knoten (mehr als 110 km/h) nicht höher, als gäbe es eine Grenze. Aber man weiß durch Berichte über Unglücke oder Schiffbrüche, dass es sehr selten Wellen gibt, die sich plötzlich bis über 30 Meter hoch auftürmen. Man nennt sie «Kaventsmänner». Man kennt dieses Phänomen, man hat mehrere Hypothesen, um es zu erklären, aber bisher ist keine von ihnen absolut überzeugend.

Sind sie so etwas wie Tsunamis?

Nein, überhaupt nicht. Tsunamis sind natürlich auch «Kaventsmänner» – weniger monströse – aber es handelt sich um zufällige Bewegungen, die nichts mit den Winden zu tun haben. Tsunamis entstehen am Grund des Meeres: Sie rühren von Seebeben unter dem Meer her. Diese ereignen sich manchmal sehr weit entfernt von der Küste, an der die Monsterwelle, wie sie etwa in den letzten Jahren die indonesische oder japanische Küste verwüstet hat, dann anbrandet. Der Meeresgrund hebt oder senkt sich nur um einige Meter, dies aber auf einer Länge von mehreren Kilometern. Dieser kleine Riss bringt eine beträchtliche Menge Wasser in Bewegung und löst eine Welle aus, die sich in alle Richtungen ausbreitet, ohne an Kraft zu verlieren. An der Oberfläche kann diese Welle klein

bleiben, wenige Dutzend Zentimeter hoch, aber da sie eine Länge von mehreren Kilometern erreicht, sind die Wassermassen, die sie in Gang setzt, beachtlich. Wenn sich diese Welle der Küste nähert, dann hat sie immer noch all ihre Energie (die gleiche Energie, welche ursprünglich die leichte Bewegung des Grundes verursachte), und sie verstärkt sich auf flacherem Grund, bis sie eine Höhe von etwa zehn Metern erreicht. Sie kann also enorme Schäden anrichten. Wenn man die Bilder dieser Wassermauern sieht, die auf die Küsten niederstürzen, dann ist es schwer vorstellbar, dass ein Tsunami, im Gegensatz zu den Kaventsmännern, von den Seeleuten auf offenem Meer kaum wahrgenommen wird. Dort auf hoher See spürt man praktisch nichts!

Die Strömungen: Herz, Arterien, Lungen

Es macht einen leicht seekrank, wenn man sich vorstellt,

dass alles ununterbrochen in Bewegung ist, sogar, während

man es nicht sieht: aufgrund des Windes, des Mondes,

der Sonne und sogar der Erde...

Ja, das stimmt. Wie ich schon sagte: Das Meer ist ein instabiles Medium! Aber nun verstehst du auch, dass man sich nicht nur auf das Sichtbare verlassen kann, um seine Bewegungen zu ergründen. Die Meeresströmungen etwa, die du von hier aus nicht wahrnimmst, sind Phänomene von wesentlich bedeutenderem Ausmaß als die Gezeiten. Sie haben viel entscheidenderen Einfluss auf unser Leben, weil sie unmittelbar für klimatische Veränderungen verantwortlich sind.

Ohne es genau zu wissen, denke ich mir, dass vor allem der Wind

diese Strömungen hervorruft. Habe ich damit recht?

Du hast recht... zumindest oberflächlich betrachtet.
Ich möchte es dir zunächst anhand eines anderen Bildes erklären: Stell dir die Zirkulation der Meeresströmungen

43

im Ozean wie den Blutkreislauf in unserem Körper vor. Dein Blut wird durch eine Pumpe, das Herz, in alle Organe gepumpt. Es transportiert Energie, gelöste Stoffe, Partikel. Dann reichert es sich in deinen Lungen wieder mit Sauerstoff an und bringt diesen zum Herzen. Und dieser Kreislauf setzt sich permanent fort. Im Ozean sind die Hauptschlagadern die Tiefenströmungen, welche die Wassermassen in der gesamten Tiefsee, in allen Meeresbecken, verteilen. Dann kommen der venöse Kreislauf und der Lungenkreislauf ins Spiel, indem sie die Wassermassen mit den Oberflächenströmungen bis zur treibenden Pumpe bringen, die sich im Europäischen Nordmeer befindet. Das alles erinnert an ein riesiges Förderband.

Wie lange dauert es, bis eine ganze Runde abgeschlossen ist?
Zwischen 1500 und 2000 Jahren.

Das ist lang! Ganz anders als mein Blut, das meinen Körper mit einem Herzschlag einmal ganz durchpulst.
In der Tat endet der Vergleich hier! Wir müssen uns nun der geologischen Zeitskala zuwenden. Darauf stellen jene 2000 Jahre einen ziemlich kurzen Moment dar, wenn man die Rolle betrachtet, die der Ozean für die globale Klimaregulierung spielt; und diese Zeitspanne ist doch so groß, dass man an ihr erkennen kann, wie langsam sich das Klima

44

entwickelt. Es handelt sich um langwierige Prozesse, wenn du so willst.

Na gut... so ungefähr verstehe ich das: unglaublich lang im Bezug auf ein Menschenleben, unglaublich kurz im Bezug auf den Planeten. Und der Wind? Welche Rolle spielt der für das Ganze?

Der Wind übernimmt vielleicht in etwa die Rolle der Venen, wenn ich meinen Vergleich mit dem menschlichen Körper wieder aufnehme. Durch regelmäßige Winde bilden sich die Oberflächenströmungen, die immerhin in der Lage sind, Wassermassen von einigen Dutzend bis zu einigen hundert Metern Ausdehnung über Entfernungen von mehreren hundert Kilometern mit sich zu nehmen.

Wenn du sagst, dass diese Winde «regelmäßig» sind, heißt das, man weiß, wo sie herkommen?

An diesem Punkt kommen wir wieder auf unsere Sonne zurück: Sie spendet uns die Energie, welche die Temperaturen erhöht. Die Temperatur ist ein weiteres bedeutendes Element, das wir im Blick behalten müssen, wenn wir das Meer verstehen wollen. Weil die Erde eine Kugel ist, wie du weißt, ist es in den niederen Breiten, je mehr man sich dem Äquator nähert, heiß und in den höheren Breiten, in Richtung der Polarregionen, kalt, denn die Sonnen-

strahlen treffen nahezu senkrecht auf den Äquator und schräg auf die Pole. Die warme Luft der Äquatorialregionen hat eine geringe Dichte und steigt in die hohen Schichten der Atmosphäre auf, wo sie abkühlt und dann in die mittleren Breiten der nördlichen Hemisphäre absinkt. Dadurch entsteht eine weite Zone von Hochdruckgebieten, die man «Antizyklonen» nennt.

Wie das berühmte «Azorenhoch», von dem im Wetterbericht des Fernsehens so oft die Rede ist?

Ja, genau um das handelt es sich.

Das große Wirbeln der Winde

Hier geht es nun nicht mehr wirklich um Winde und noch weniger um Meeresströmungen, oder?

Doch, das tut es, denn alles ist miteinander verbunden. Ein Antizyklon ist immer von großen Windwirbeln umgeben, die wiederum Meeresströmungen verursachen und sich auf der Nordhalbkugel im Uhrzeigersinn und auf der Südhalbkugel in entgegengesetzter Richtung drehen. Diese Rotation der Winde und der Strömungen ist die Folge der sogenannten Corioliskraft, von der du bestimmt schon gehört hast.

Hm... erklär mir noch einmal, was das ist, um meine Geographie-Kenntnisse aufzufrischen!

Coriolis war ein französischer Ingenieur des 19. Jahrhunderts. Er hat dieses Phänomen erkannt, auf das alle Bewegungen von Wasser- oder Luftmassen auf der Erdoberfläche zurückgehen. Du erinnerst dich: Die Erde ist rund und dreht sich um sich selbst, von Westen nach Osten. Und so stehen wir hier einer der Folgen dieses fundamen-

talen Sachverhalts gegenüber. Wenn du eine Kugel um eine Achse drehen lässt, dann wird die Rotationsgeschwindigkeit an den Polen fast bei Null liegen, in der Mitte der Kugel jedoch sehr hoch sein. Deshalb verlieren ein Tropfen Wasser oder ein warmer Lufthauch, die vom Äquator aus mit hohem Tempo in Richtung der kälteren Pole wandern, auf dem Weg an Geschwindigkeit und driften auf der Nordhalbkugel nach rechts oder auf der Südhalbkugel nach links. Diese Ablenkung ist am Äquator noch nicht spürbar, verstärkt sich aber in den mittleren Breiten (wo wir unser Azorenhoch finden) und erreicht ihr Maximum an den Polen.

Bleiben wir beim Beispiel des Azorenhochs (das gleiche Phänomen existiert jedoch in der südlichen Hemisphäre). Es wird von einem gigantischen Netz von Strömungen begleitet, unter denen der Golfstrom sich mit am deutlichsten bemerkbar macht, aber er ist nicht allein. Es handelt sich hier um eine relativ warme Strömung, da sie, wie der Name schon sagt, im Golf von Mexiko entsteht. Er fließt dann nordwärts, zwischen den Bahamas und Florida hindurch, dann entlang der amerikanischen Küste, wo er sich nach und nach abkühlt. Nachdem er den Atlantik durchquert hat, wird er in zwei Arme abgelenkt, von denen einer in Richtung Europa, der andere in die arktischen Zonen wandert, wo die Wassermassen dann

beträchtlich kühler werden. Wie du siehst, legt er einen wirklich beachtlichen Weg zurück!

Und er verändert die Temperaturen in den Regionen,
die er durchquert, nehme ich an?

Ja genau. So erklärt sich, dass das europäische Atlantikufer, in den mittleren Breiten, wo wir uns befinden, gemäßigter temperiert ist als das amerikanische Ufer, weil es ausgiebiger von den warmen Winden und Strömungen aus den Tropen profitiert. Man muss sich jedoch klar machen, dass noch eine Menge anderer Faktoren eine bedeutende Rolle für die Wärmeverteilung auf der Erdoberfläche spielen, insbesondere andere Winde (zum Beispiel die Passatwinde, die von Ost nach West wehen, oder die Jetstreams, starke Winde in großer Höhe, die wiederum von West nach Ost wehen). Aber bleiben wir bei den Hauptbewegungen.

Verstehe ich das richtig: die Luftmassen, Hochdruck- und
Tiefdruckgebiete in der Atmosphäre, die Winde, die Meeres-
strömungen, all das bewegt sich in gleicher Richtung...?

Genauso ist es! Die Meeresströmungen folgen getreu dem Muster der atmosphärischen Zirkulation. Generell haben Winde und Strömungen dieselbe Aufgabe: Sie transportieren Wärmeenergie von den Tropen zu den Polen. Aber der wesentliche Unterschied zwischen ihnen besteht darin,

dass das Wasser viel mehr Wärme mit sich trägt als die Luft (4000 mal mehr bei gleichem Volumen), und weil Wassermassen größere Trägheit besitzen, sind Strömungen viel regelmäßiger als Winde. Wenn sie einmal in Gang gekommen sind, dann sind sie nur schwer zu stoppen. Die Winde dienen im Allgemeinen dazu, die Bewegung aufrechtzuerhalten.

Wenn diese Winde ausbleiben oder abflauen, verlangsamt sich dann dadurch auch die Zirkulation des Wassers?

Die generelle Konstellation der Strömungen gerät dadurch nicht durcheinander, aber es kann durchaus zu temporären Veränderungen der Zirkulation kommen.

Und ist das schlimm?

Manchmal schon, denn das Klima wird dadurch ernsthaft erschüttert, allerdings nur für kurze Zeit. Das ist zum Beispiel beim El Niño-Phänomen der Fall.

Ich habe davon gehört, aber nie wirklich verstanden, um was genau es sich handelt…

Schon seit sehr langer Zeit beobachtet man, dass vor der Küste Perus in bestimmten Jahren starke Veränderungen der ozeanischen Zirkulation auftreten. Zu normalen Zeiten sind die peruanischen Küsten von kalten Wassern umgeben,

die aus den hohen nördlichen und südlichen Breiten kommen. Diese Wasserströme laufen in der Äquatorialzone zusammen, wo sie sich nach und nach erwärmen. Dann werden sie von den Passatwinden nach Westen getrieben und entfernen sich von den Küsten, lassen jedoch hinter sich Wasser aus tieferen Schichten aufsteigen (was man als «upwelling» bezeichnet). Dieses ist kalt und nährstoffreich und erhöht die Reichhaltigkeit der Fischpopulation, wovon schließlich die peruanischen Fischer profitieren.

Von Zeit zu Zeit jedoch, etwa alle drei bis fünf Jahre, kommt dieses System zum Erliegen. Die Passatwinde flauen drastisch ab, und das warme Wasser der Oberflächenschichten fließt nicht mehr westwärts. Es sammelt sich entlang der peruanischen Küste und blockiert das Aufsteigen des Tiefenwassers. Der Fischfang geht drastisch zurück, und die Fischer verarmen... Dieses Phänomen tritt im Allgemeinen um die Weihnachtszeit auf, und daher stammt auch der Name «El Niño», von Niño Dios, Christkind, den die Peruaner diesem Phänomen gegeben haben.

Um den Unterschied deutlich zu machen, bezeichnet man die «normalen» Perioden als «La Niña».

El Niño hat Folgen, die weit über die Küsten Südamerikas hinausreichen. Wenn die Äquatorialgewässer nicht mehr in Richtung Südostasien fließen, führt das in diesen Regionen zu gravierenden Trockenheiten, begleitet von katastrophalen Waldbränden. Zyklone von ungewöhnlichen

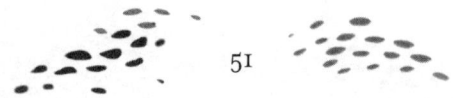

Ausmaßen bilden sich in der Mitte des Pazifiks, während an den amerikanischen Küsten die Verdunstung zunimmt und sintflutartige Regenfälle niedergehen.

Das Wasser der Tiefsee

Du warst noch nicht zu Ende mit deiner Erklärung des
Strömungskreislaufs: Du sprachst von «Tiefenströmungen»,
die ähnlich wie unsere Arterien mit dem Herzen
verbunden sind...

Gut, dass du mich daran erinnerst! Die Tiefenströmungen
sind jene, die den umgekehrten Weg ermöglichen, vom
Nordatlantik zum Äquator. Dort im Nordatlantik, dem
Herzen unseres Strömungskreislaufs, bildet sich dieses
Tiefenwasser: Relativ warmes Wasser, das von Süden her
kommt, kühlt sich durch den Kontakt mit den kalten
Luftmassen der Region ab. Aber diese atmosphärischen
Temperaturen sind nicht niedrig genug, um eine ziemlich
umfangreiche Verdunstung zu verhindern, die den Salzgehalt des Wassers erhöht. Diese zwei Faktoren, Abkühlung
und Salzgehalt, tragen dazu bei, dass die Dichte dieser
Wassermassen zunimmt. Sie sind daher viel schwerer und
sinken in große Tiefen ab. Man bezeichnet das als «thermo-
haline Zirkulation» («thermo» von Wärme, «haline» von
Salz). Das Wasser der Ozeane ist also geschichtet:

53

Das leichteste Wasser, das sich oben (in weniger als 1500 Metern Tiefe) befindet, bezeichnet man als Oberflächenwasser. Es ist relativ warm und nicht sehr salzhaltig; das Wasser mit der höchsten Dichte, das weiter unten liegende Tiefenwasser, ist sehr kalt und salziger. Die unterschiedliche Dichte ist der Motor für die Zirkulation des Tiefenwassers, die jedoch auch von der Form der Meeresbecken abhängt. Übrigens sahen diese Becken vor hundert Millionen Jahren ganz anders aus, was bedeutet, dass auch die Meereszirkulation ganz anders war, und das blieb natürlich nicht ohne Folgen für die Klimaentwicklung.

Ich werde dich an diese Geschichte der Meeresbecken,
die du bereits erwähnt hast und die mich neugierig macht,
wieder erinnern. Aber erzähle zuerst weiter:
Warum bleibt das Tiefenwasser kälter als das Oberflächenwasser?
All das müsste sich doch während des Zirkulierens mischen...

Zum Teil geschieht das auch, wie du sehen wirst. Folgen wir also diesem nordatlantischen Tiefenwasserstrom, der im Nordatlantik seinen Ausgang nimmt. Er fließt südwärts, die Corioliskraft lenkt ihn nach rechts, in Richtung Amerika, ab, er passiert den Äquator zwischen den Meeresbecken des Südatlantik, dem Brasilianischen und dem Argentinischen Becken, und gelangt an den Rand der Antarktis. Auf seiner langen Reise hat der Strom im Austausch mit dem Oberflächenwasser allmählich an

Salzgehalt und damit an Dichte verloren. Er teilt sich schließlich: Ein Teil des Wassers umfließt die Antarktis in Richtung Osten, der andere wandert am Kontinentalhang der Antarktis entlang. Dabei kühlt er ab und sinkt nach unten, um schließlich zu dem zu werden, was man als «antarktisches Bodenwasser» bezeichnet. Dieses mischt sich in das gesamte Tiefenwasser unterhalb von 4000 Metern Tiefe mit einer Durchschnittstemperatur von -1 bis +2 °C. Du hast dich gefragt, warum diese Tiefsee so kalt ist und dir klar gemacht, dass sie polaren Ursprungs ist. Nun muss sich der Kreis wieder schließen, und das Tiefenwasser muss wieder zu seinem Ursprung im Nordatlantik zurückkehren. Die Tiefenströmungen kommen wieder an die Oberfläche, da sie auf die kontinentalen Landmassen prallen. Auf ihrem Rückweg erwärmen sie sich erneut, verlieren nach und nach an Dichte und treffen wieder auf den Golfstrom, der sie bis zum Nordatlantik bringen wird. Der Kreislauf ist geschlossen.

Inwiefern kann die Erderwärmung
diesen Kreislauf verändern?

Das Wasser, das durch das Schmelzen des Polareises ins Meer fließt, ist Süßwasser, und wenn die Erderwärmung zu einer massiven Eisschmelze führt, dann wird das Wasser der Polarregionen einen immer geringeren Salzgehalt und damit eine geringere Dichte aufweisen, was sich auch auf

die Tiefenströmungen auswirkt. Der gesamte Motor der thermohalinen Zirkulation, von dem ich eben gesprochen habe, würde davon in Mitleidenschaft gezogen und mit ihm unser gesamtes Klimasystem. Jüngste Untersuchungen der Tiefenwasser haben bereits eine Abnahme des Salzgehalts und zeitweilige Temperaturanstiege gezeigt.

Ich habe sogar gehört, dass der Golfstrom
droht schwächer zu werden oder zu verschwinden.
Ist das wahr?

Ja, das ist nicht ausgeschlossen. Und wenn der Golfstrom zum Stillstand kommt, dann ist der Kreislauf lahm gelegt, mit schwerwiegenden klimatischen Folgen. Aber vergiss nicht, dass man mit 1500 bis 2000 Jahren rechnen muss, bis ein Wasserpartikel, das sich vom Europäischen Nordmeer aus auf den Weg gemacht hat, wieder dort ankommt. Das bedeutet, dass sich das Klima nicht im Handumdrehen ändert, sondern eine gewisse Trägheit besitzt. Zum Glück, kann man sagen, denn sonst hätte sich der Anstieg der Treibhausgase und vor allem des berüchtigten Kohlendioxids, des CO_2, in der Atmosphäre bereits durch eine dramatische Erderwärmung bemerkbar gemacht. Aber leider ist ein einmal in Gang gekommener Prozess in der Natur irreversibel, solange man nicht die Ursachen bekämpft. Man kann ihn verlangsamen, aber nicht rückgängig machen, zumindest nicht binnen kurzer Zeit.

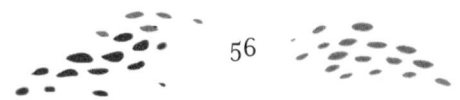

In den kommenden Jahrzehnten kann sich die globale Erderwärmung nur verschärfen.

Die Geburt eines Ozeans

Du sagtest vorhin, dass die Zirkulation der Tiefenströmungen auch von der Form der Ozeane abhängt. Willst du damit sagen, dass der Atlantik, den ich vor mir sehe, nicht immer diese Form hatte?

Nein, die hatte er tatsächlich nicht immer. Er existierte nicht einmal von Anfang an. Das ist eine der außergewöhnlichsten Entdeckungen, die wir in den letzten 50 Jahren gemacht haben. Tatsächlich war die Nord-Süd-Zirkulation der Tiefenströmungen vor 100 Millionen Jahren unmöglich, weil es zwischen den Kontinenten keine Öffnung gab, weder im Norden noch im Süden. Das Kaltwasser stand also um die Pole herum still. Die ozeanische Zirkulation kam nur von Ost nach West auf Höhe des Äquators zustande. Deshalb war das Wasser warm, es kühlte sich niemals ab, und das Klima war heiß und lebensfeindlich.

Woher weiß man das?

Das ist ein langes wissenschaftliches Epos! Ich gebe dir einen ersten Anhaltspunkt: Man findet zum Beispiel auf

den Kontinenten, in Regionen wie dem Pariser oder dem Aquitanischen Becken, Fossilien von Fischen, und zwar noch auf den Berggipfeln!

Das bedeutet, dass diese Gebiete irgendwann einmal unterhalb des Meeresspiegels lagen?

Gut kombiniert! In der Tat existierten zu bestimmten Zeiten Ozeane an Orten, von denen sie sich heute zurückgezogen haben. Und umgekehrt befinden sie sich heute in Becken, die es damals gar nicht gab. Erste Lektion: Die Meeresbecken sind keineswegs fix und unveränderlich.

Jetzt verstehe ich, warum ich dich so oft habe sagen hören: «Die Meere werden geboren, leben und sterben».

Und an dieser Stelle werde ich dir von einer Geburt erzählen! Ein weiterer Hinweis: Nimm den Globus, den ich mitgebracht habe, und sieh dir die Form des Atlantiks an. Man könnte ihn als ein großes S beschreiben mit den beiden Amerikas zur Linken und Afrika zur Rechten. Fällt dir daran etwas auf?

Ja, natürlich! Das erinnert an die Teile eines Puzzles: Der afrikanische Kontinent passt perfekt zwischen die beiden Amerikas. Du sprichst von einer Entdeckung! Aber man muss doch nicht zehn Jahre lang geologische Studien betreiben, um das zu sehen.

Da bin ich ganz deiner Meinung, und das haben meine Freunde und ich in der achten Klasse auch gedacht! Aber man hat uns das Gegenteil gelehrt: Nein, nein, so sei es keineswegs, es sei nur ein Zufall, dass die Formen sich ineinander fügen. Ich habe mein gesamtes Hochschulstudium mit dieser Theorie bestritten, die man als «Fixismus» bezeichnet, denn erst Ende der 1950er Jahre haben Wissenschaftler allmählich anerkannt, dass sich die Meeresgründe und damit die Kontinente im Laufe der Zeit bewegt haben. Wir wissen heute, dass die Kontinente vor 190 Millionen Jahren einen einzigen Block bildeten.

Gratulation an die Wissenschaftler! Dabei hatten sie doch den Beweis die ganze Zeit vor Augen…

Das denke ich auch. Es ist nicht zu glauben, dass die Wissenschaft diese offenkundige Tatsache so lange ignoriert hat. Aber in der Wissenschaft genügt es nicht, dass etwas offensichtlich ist! Als man daran ging, diese Hypothese zu beweisen, tauchte ein großes Problem auf: Angenommen, die Kontinente hätten einst aus nur einem zusammenhängenden Block bestanden, wodurch ließ es sich dann erklären, dass sie sich trennten? Welche Art von Kraft sollte in der Lage gewesen sein, die Kontinente auf der Meeresoberfläche auseinanderzureißen, wie die Schlepper im Hafen die Dampfer fortziehen? Das erschien physikalisch unmöglich.

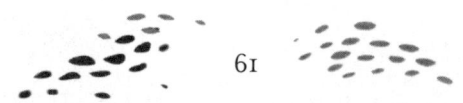

61

Die Vermessung des Meeresgrundes

Es fällt mir schwer zu glauben, dass niemand versucht hat, diesem Problem auf die Spur zu kommen! Wenn ich Geologe gewesen wäre, sagen wir zur Zeit von Jules Verne, dann hätte ich mich mit Begeisterung daran gemacht, das Rätsel zu lösen!

Und es kann gut sein, dass du es gelöst hättest...

Aber es hätte dir ein entscheidendes Hilfsmittel gefehlt: Wirklich 20 000 Meilen unter dem Meer tauchen und navigieren zu können mit einer echten *Nautilus*, nicht nur in der Vorstellung! Seltsamerweise hat der Meeresgrund vor 1850 wenig wissenschaftliche Aufmerksamkeit auf sich gezogen. Die Menschen haben sich natürlich immer schon gefragt, was man wohl am Meeresboden findet. Die griechischen Philosophen der Antike glaubten, dass man dort auf den Mittelpunkt der Erde stoße, oder dass im Mittelmeer gar kein Grund existiere, so tief erschien es ihnen (auch wenn 2400 Meter durchschnittliche Tiefe verglichen mit dem Atlantik wenig ist, aber das konnten sie ja nicht wissen). Denk daran: Das Meer ist für den Menschen kein natürliches Milieu. Er hat sehr früh schon

Schiffe konstruiert, um es zu befahren, aber um den Meeresboden zu erforschen, musste er noch auf etwas warten... auf die Erfindung des Telegrafen und des Telefons!

Was hat das Telefon mit dem Meer zu tun?
Du wirst sehen, dass die wissenschaftliche Forschung manchmal Umwege geht. Als man begonnen hat, das Telefonnetz über die Kontinente hinweg auszubauen, musste man den Versuch unternehmen, Unterseekabel zu verlegen. Im Ärmelkanal, zwischen Frankreich und England, war das kein Problem, weil der Meeresboden hier relativ eben ist. Im Atlantik aber, zwischen Europa und Amerika, stellte das, wie ich behaupten möchte, eine ganz andere Herausforderung dar.

Und warum?
Das war 1858, und man wusste damals nicht viel über den Boden des Atlantiks. Man muss sagen, dass es sehr schwierig ist, die Tiefe des Meeres auszuloten. Man hatte versucht, sie mit Hanfleinen zu messen, später mit beschwerten Stahltauen, aber diese wurden häufig von den Strömungen fortgerissen und waren nie lang genug. Kurzum, die Schiffe der Telekommunikationsingenieure rollen ihre Kabel ab und bemerken dabei, dass der Meeresgrund mitten im Atlantik drastisch ansteigt und dann wieder abfällt, als hätte

es dort einmal einen untergegangenen Kontinent gegeben, vielleicht Atlantis, jene überflutete Insel, die seit Platon die Fantasien so vieler Seefahrer angeregt hat. Die Briten haben also erste große ozeanographische Expeditionen organisiert, um Karten der Meeresgründe anzufertigen. Prinz Albert I. von Monaco entsandte weitere zwischen 1895 und 1910. Aber die vorhandenen Instrumente blieben weiterhin ungeeignet, um in große Meerestiefen vorzudringen. Erst als Paul Langevin 1915 das Sonar entwickelte, war man in der Lage, zuverlässige Messungen durchzuführen.

Wie funktioniert das Sonar?
Nach dem Prinzip des Echolots: Eine Schallquelle und ein Empfänger befinden sich an der Oberfläche. Es genügt, die Zeit zu messen, die eine Schallwelle benötigt, um bis zum Grund zu gelangen, dort reflektiert zu werden und wieder an die Oberfläche zu wandern. Mit dem Wissen um die Ausbreitungsgeschwindigkeit des Schalls im Wasser (durchschnittlich 1500 Meter pro Sekunde) kann man daraus die Tiefe ableiten. Paul Langevin hat dieses Prinzip perfektioniert, indem er von Quarzkristallen erzeugte Schall- und Ultraschallwellen nutzte.

Was kam bei diesen Messungen heraus?

Die Ergebnisse waren spektakulär! Das zentrale Relief des Atlantiks wurde genau kartographiert. Man konnte sehen, dass es sich um eine sehr lange Gebirgskette in S-Form handelte, der man den Namen «Mittelatlantischer Rücken» gegeben hat. Außerdem fand man heraus, dass sich diese Kette durch den Indischen Ozean bis hin zum Pazifik erstreckte, auf einer Gesamtlänge von etwa 60 000 Kilometern. Auf ihrem Grat befindet sich vielerorts ein Zentralgraben, der stellenweise von großen Verwerfungen durchzogen ist, wie ein «M».

Ein Gebirge im Ozean also!

Nicht ganz. Seine Morphologie ist nicht vergleichbar mit den kontinentalen Bergketten. Man sah sich etwas Einzigartigem, sehr Rätselhaftem gegenüber, das alle Meeresgründe des Planeten zu charakterisieren schien. Das musste nun erklärt werden! Das Abenteuer fing erst an.

Ich kann mir denken, dass man sehr schnell Gestein aus dieser Gebirgskette entnommen hat, um zu erfahren, woraus sie bestand?

Natürlich, und überraschenderweise waren die Felsbrocken, die man auf dem Gipfel und an den Seiten dieses Gebirgszuges abgetragen hat, immer gleich beschaffen:

In allen Meeren waren es Vulkangesteine aus Basalt mit gleichartiger Zusammensetzung. Sie wiesen jene besondere Gestalt auf, die Lava annimmt, wenn sie unter Wasser ausgestoßen wird: eine kissenartige Form (im Englischen *pillow* genannt). Der zentrale Rücken des Atlantischen Ozeans besteht tatsächlich aus einer Reihe von Vulkanöffnungen. Diese spucken kontinuierlich Stoffe aus dem Erdinnern aus, die sich am Boden ablagern. Dieser Vorgang setzt sich über den ganzen Rücken hinweg fort. Auf Island tritt er oberhalb des Meeresspiegels in Erscheinung und manifestiert sich in der heftigen Vulkantätigkeit der Insel. Eine weitere große Überraschung bestand darin, dass diese Vulkanöffnungen von einer starken hydrothermalen Aktivität umgeben sind (eine Zirkulation von heißem Wasser, wenn du so willst). Zwischen diesen echten kleinen Heißwasser-Geysiren konnte sich eine sehr sonderbare Fauna entwickeln (riesenhafte Würmer, Krebse und andere Krustentiere sowie zahllose Bakterien). Man nennt diese hydrothermalen Quellen «schwarze Raucher», an die sich «Oasen» anschließen.

Es wird immer besser: nicht nur ein Gebirge, sondern gleich noch ein Vulkan auf dem Meeresgrund! Anders gesagt, wenn ich 1915 Geologe oder Ozeanograph gewesen wäre, dann hätte ich damit also alle Elemente beisammen gehabt, um herauszufinden, wie sich die Kontinente ehemals bewegt haben?

Fast alle, in der Tat. Außerdem hatte man die Verteilung von Flora und Fauna auf beiden Seiten des Atlantiks untersucht und in Amerika und Afrika in den gleichen Breiten identische Arten entdeckt, was ganz offensichtlich für eine vormalige Nähe beider Kontinente sprach. Und 1912 schließlich veröffentlichte ein deutscher Meteorologe, Alfred Wegener, seine Theorie der «Kontinentaldrift». Zu dieser Zeit jedoch lachte man über ihn.

Warum?

Weil ihm das fehlte, was du auch hättest finden müssen, wenn du zu seiner Zeit gelebt hättest: die physikalischen Beweise für seine Theorie. Natürlich, der Mittelatlantische Rücken war eine Vulkankette, aber wie konnte diese riesige langgezogene Erhebung, die sich über die Ozeane der ganzen Welt erstreckte, die Verschiebung der Kontinente verursacht haben? Das war das große Geheimnis. Man hat es erst viel später gelüftet, auf einen Schlag, während der 1960er Jahre... und ich hatte das Glück, zu dieser Zeit zu leben und meinen Beruf aufzunehmen.

Die Plattentektonik

Dann erzähl mir jetzt, was man entdeckt hat und wie es dazu kam.
Ein weiteres Mal ging die Wissenschaft ungewöhnliche Wege
aufgrund... des Zweiten Weltkriegs oder besser gesagt
aufgrund der Militärforschung, die man damals betrieb.
Während des Konflikts brachten vor allem die deutschen
U-Boote den Schiffen der Alliierten im Nordatlantik den
Tod, und mit Ausgang des Krieges begann die US-Navy
Nachforschungen anzustellen, um ein System zur Ortung
von Unterwasserfahrzeugen weiterzuentwickeln. Es ging
darum, sie über ihr Magnetfeld ausfindig zu machen.
Da sie aus Metall bestanden, wirkten sie wie eine Art
Magnet und störten das lokale Magnetfeld. Als Voraus-
setzung für ihre Ortung brauchte man jedoch ein Referenz-
feld, das heißt, man musste sich mit dem Magnetismus
des Meeres ohne U-Boote vertraut machen, weshalb es
notwendig wurde, detaillierte Karten zu erstellen. Deshalb
finanzierte die Navy universitäre Meeresforschungsexpedi-
tionen (die auch meine ersten Expeditionen waren) im
Austausch gegen Aufzeichnungen über die Magnetfelder.

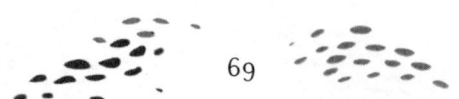

Es genügte, dass unsere Schiffe Magnetometer hinter sich herzogen, die kontinuierlich die Intensität der Magnetfelder registrierten.

An dieser Stelle muss ich dich kurz unterbrechen!
Kannst du mir zuerst erzählen, was es mit dem Magnetismus auf sich hat?

Du weißt, was Magnete sind? Das sind kleine, magnetisch aufgeladene Eisenkörper, die sich anziehen oder abstoßen, wenn man sie einander nähert. An beiden Enden des Magneten befindet sich ein Pol: ein «Nordpol» und ein «Südpol». Die entgegengesetzten Pole (ein Nord- und ein Südpol) ziehen sich an, gleiche Pole (zwei Nordpole) stoßen einander ab. Nun besitzt die Erde einen festen Kern, der viel Eisen enthält, und um diesen herum einen flüssigen Kern, der von Konvektionsströmen durchzogen ist, was elektrischen Strom und Magnetfelder erzeugt wie ein Dynamo. Das macht die Erde zu einem gigantischen Magneten. Sein Magnetfeld erstreckt sich über den gesamten Planeten und wird von deinem Kompass registriert. Die Erde hat einen magnetischen Nordpol, der irgendwo im hohen Norden Kanadas liegt, und einen magnetischen Südpol in der Antarktis. Eine wichtige Entdeckung diesbezüglich ist, dass die Magnetpole sich auf der Erdoberfläche verändern, sich manchmal sogar umkehren. Da Felsgesteine und

Sedimente ihr ursprüngliches Magnetfeld bewahren, konnten Geologen mehr oder weniger regelmäßige, alle Millionen Jahre auftretende Umkehrungen des Erdmagnetfeldes feststellen. Es existieren jedoch Unterbrechungen dieses Phänomens von mitunter mehreren zehn Millionen Jahren. Man weiß nicht genau, warum sich die Pole umkehren, aber es handelt sich um eine Tatsache: Man bezeichnet das als magnetische «Anomalien».

Kommen wir wieder auf dein Schiff mit seinen Magnetometern zurück: Was kam bei der Fahrt über den Atlantik heraus?
Wir machten eine außergewöhnliche Entdeckung, die unser Wissen über das Meer und damit über die Erde revolutioniert hat. Im Laufe der Messungen zeigte sich, dass zu beiden Seiten des Kamms und auf ganzer Länge des Mittelatlantischen Rückens (man hat das schließlich überall auf der Erde überprüft) die gleichen Abfolgen magnetischer Anomalien zu verzeichnen waren. Wenn man das aktuelle Magnetfeld in Schwarz und das entgegengesetzte in Weiß darstellen würde, dann sähe das Ergebnis aus wie das Fell eines Zebras – schwarze und weiße Streifen auf beiden Seiten.

Was bedeutet das?
Man wusste bereits seit den Studien eines französischen Wissenschaftlers, Bernard Brunhes, dass das Magnetfeld in

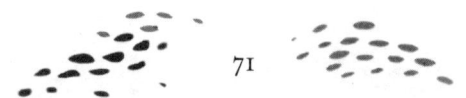

der Vergangenheit eine Reihe von Polumkehrungen durch-laufen hatte und dass diese sich in die Lavamassen des Massif Central eingeschrieben hatten. Es war also nahelie-gend, dass die in den Vulkangesteinen der Meeresrücken gespeicherten magnetischen Anomalien Zeugnis über die damalige Bildung der Ozeankruste ablegen würden.

Denn der Aufbau dieser Kruste geht so vonstatten: Die Vulkanmaterie tritt auf beiden Seiten des Meeresrückens aus, verteilt sich, wird durch eine nachfolgende Eruption überlagert und so weiter. Die jüngste Kruste liegt dem Gipfel des Rückens am nächsten. Deshalb müssen sich die Meeresgründe kontinuierlich ausdehnen. Sie befinden sich unaufhörlich in Expansion.

Aber dann müsste sich doch die Erdoberfläche anheben, wenn es vom Grund her schiebt, und unser Planet müsste größer werden?

Nein, denn die Materie, die sich auf den Meeresrücken bildet, kehrt ins Erdinnere zurück, rutscht unter die Erdkruste und gleicht die Expansion aus. Man nennt das «Subduktion». Die vorherige dichte und schwere Meereskruste versinkt entweder unter der leichteren Kontinentalkruste oder unter Teilen der jüngeren und deshalb ebenfalls leichteren Ozeankruste. Es entsteht so ein Kreislauf von Materie von der Oberfläche bis ins Innere unseres Planeten. Demnach zählt man auf der Erdoberflä-

che etwa zehn Platten zusätzlich zu den Atlantischen und Pazifischen Platten, die sich unaufhörlich bewegen. Dieser globalen Aktivität hat man die Bezeichnung «Plattentektonik» gegeben.

Du sagst, dass diese Kruste verschwindet, aber wohin?
Wenn eine Platte sich unter eine andere schiebt, dann werden die Gesteine immer weiter und tiefer unter den Kontinent gedrückt, wo sie auf stetig steigende Temperaturen treffen (diese erhöhen sich alle 100 Meter um etwa 3°C). Ihrer chemischen Zusammensetzung entsprechend, beginnt diese Materie nach und nach zu schmelzen.
Es bilden sich Lavataschen, die dazu tendieren, wieder an die Oberfläche zu steigen und von den Vulkanen ausgespuckt werden. Daher die stattliche Reihe seismischer und vulkanischer Zonen, die an den Reibungsflächen der Platten vorkommen, vor allem entlang der Westküste Amerikas, der Anden bis nach Mexiko und Alaska und auf der anderen Seite des Ozeans bis nach Japan. Dieser Vulkanismus, der den größten Teil des Pazifiks säumt, trägt den Namen «Pazifischer Feuerring». Im Atlantik ist zudem der gesamte mittelamerikanische Raum bis zu den Antillen hervorzuheben, der Schauplatz von Vulkanausbrüchen großen Ausmaßes war (etwa der Mont Pelé auf Martinique 1902 und das Erdbeben von Haiti 2010). Ebenso ist die seismische Zone, die das Mittelmeer bis zum

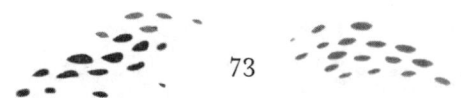

Roten Meer durchquert, von italienischen Vulkanen flankiert (Vesuv, Ätna, Stromboli, und nicht zu vergessen der berühmte Ausbruch auf Santorin im zweiten Jahrtausend vor Christus).

Nahezu drei Viertel der Erdkruste bildeten sich auf diese Weise, und wir wussten das nicht, bevor die 1960er Jahre anbrachen, denn bis dahin konnte niemand ahnen, dass all das von den Meeresgründen herrührte. Die Theorie der Plattentektonik wurde 1967 in Washington beim Jahreskongress der Amerikanischen Geophysikalischen Vereinigung durch den Geophysiker Jason Morgan vorgestellt… vor einem praktisch leeren Hörsaal, da alle zum Mittagessen gegangen waren. Aber sie wurde sehr rasch veröffentlicht und wissenschaftlich anerkannt.

Vulkane unter dem Meer

Aber was ist es wirklich, das all diese Bewegungen
erst in Gang setzt?
Du hast recht: Das funktioniert nicht ohne einen Motor.
Die Vulkane allein reichen nicht aus. Die Lava, die sie
ausstoßen, ist zunächst sehr flüssig. Wie könnte sie Erdplat-
ten über mehrere tausend Kilometer verschieben?
Der Motor muss tiefer liegen, im Innern des Erdmantels.

Die Erde hat einen Mantel? Das kann ich mir nicht
richtig vorstellen...
Die Erde ist aufgebaut wie ein Ei. Die Schale ist die Erdkruste (die Kontinentalkruste und die Ozeankruste).
Das Eigelb im Innern, der Kern, besteht aus eisenhaltigem
geschmolzenem Magma (über 4000°C heiß). Um ihn
herum liegt der Mantel, der zähflüssig ist wie das Eiweiß
und sich in der Hitze wie Wachs verformt. Im Innern des
Mantels entstehen Konvektionsströme, wie in einem
Kochtopf mit heißen Zonen in der Mitte und kälteren
Zonen an den Seiten. Dadurch steigen die Gesteine vom

Mantel aus bis zum Gipfel der Meeresrücken auf, fließen an beiden Seiten hinunter, verdrängen nach und nach die Kruste und hinterlassen eine Art Narbe, die sich mit Vulkanismus füllt.

Erklärt die Plattentektonik den gesamten Vulkanismus auf dem Planeten?

Nein, keineswegs. Der größte Teil des Vulkanismus, der durch die Plattentektonik hervorgerufen wird, entsteht an den Plattenrändern, entweder wenn sie sich voneinander entfernen (dann treten Vulkane in der Narbe des Ozeans auf), oder durch Subduktion (wie es etwa beim «Pazifischen Feuerring» der Fall ist, den wir vorhin

erwähnten). Dieses System ist beständig und regelmäßig. Aber es gibt auch einen zufälligen Vulkanismus mitten im Ozean oder innerhalb der Platten, den man als Intraplattenvulkanismus bezeichnet. Man hat lange Zeit gebraucht, um

zu verstehen, wie dieser zustande kam. Und man fand heraus, dass er aus noch größeren Tiefen herrührte, von der Grenze zwischen Erdkern und Mantel. Es handelt sich dort um eine sehr instabile Zone, in der sich mitunter verschmelzende Stoffgemische lösen, die in der Lage sind, bis an die Oberfläche aufzusteigen. Man nennt diese Vulkane «Hotspots». Gut fünfzig von ihnen hat man an der Erdoberfläche entdeckt. Einige von ihnen waren fast erloschen und andere, etwa auf La Réunion oder Hawaii, sind noch sehr aktiv. Diese Hotspots hängen nicht mit der Plattentektonik zusammen, aber sie geben uns Auskunft über ihre Verschiebungen. Stell dir die fixe Flamme eines Schweißbrenners vor, über die du eine Metallplatte hältst. Es entsteht ein Loch. Wenn du deine Platte um 5 Millimeter verschiebst, dann ergibt sich ein weiteres Loch. Auf diese Weise kann man die Bewegung der Platten verfolgen.

Das Meer ist also voll von Vulkanen, die manchmal zufällig aus dem Wasser auftauchen? Gibt es auch welche, die verschwinden?

Die zumindest unseren Augen entschwinden, ja. Sie gehen unter. Die Atolle des Pazifik zum Beispiel sind versunkene Vulkane.

Dann bin ich in einem Vulkan geschwommen?

Das Wasser war tatsächlich sehr warm, und es gab dort

auch bunte Fische, Gorgonien und wunderschöne

Korallen... Erklär mir, was genau ein Atoll ist

und wie es entsteht.

Es beginnt mit einem Untersee-Vulkan, der über einem der
Hotspots aufsteigt, von denen wir gerade gesprochen haben.
Die Lava bahnt sich einen Weg zwischen den Erdschichten
hindurch, erreicht die Oberfläche und bildet eine Vulkan-
insel. Um diese herum, nur einige Meter unter der
Wasseroberfläche, siedeln sich bunte Korallenkolonien an.
Auch wenn es den Anschein hat, gehören Korallen
übrigens nicht der Pflanzen-, sondern der Tierwelt an...

Das hätte ich gewusst,

auch wenn du es nicht gesagt hättest!

... trotzdem ist es besser, das noch einmal klarzustellen.
Die Koralle ist also ein tierischer Meeresorganismus,
der wie bestimmte Fische in Riffen lebt. Eine ihrer beson-
deren Eigenschaften ist, dass sie viel Licht braucht, um zu
existieren. Deshalb siedelt sie sich in geringer Tiefe an,
dort, wo noch genügend Sonnenstrahlen hingelangen.
Außerdem braucht die Koralle Wärme: Der tropische
Pazifik zwischen dem 30. nördlichen und dem 30. südlichen Breitengrad mit seiner Wassertemperatur von 27 °C
ist ideal, und in der Nähe eines Vulkans fühlt sie sich noch

wohler. Korallenbänke bilden sich also rings um Vulkaninseln. Durch die tektonischen Bewegungen bricht der Untergrund zu beiden Seiten der Meeresrücken nach und nach ein. Er zieht die komplette Insel mit sich, mitsamt des Korallengürtels. Angesichts der bedrohlichen Dunkelheit, die in der Tiefe herrscht, wachsen die Korallenbänke in die Höhe, um weiterhin in den Genuss des Sonnenlichtes zu kommen.

Dann müssen sie aber schnell wachsen!

Es gibt zwei Möglichkeiten. Entweder die Korallen wachsen schneller, als der Boden sich senkt. Dann bleiben sie in der lichten Zone und bilden ein Riff oder einen Ring um den versunkenen Krater des Vulkans, in dem sich ein sehr warmer geschlossener oder zum Meer hin offener See bildet. Damit hätten wir dann ein klassisches Atoll, wie man es auf Postkarten findet, mit Haifischen und Touristen. Oder aber der Boden senkt sich zu schnell. Dann können die Korallen nicht überleben, und alles verschwindet. In den dunklen Tiefen bleibt lediglich ein Rest des Vulkans, ein abgeflachter felsiger Kegel, den man «Guyot» nennt. In diesem Zusammenhang ist zu bemerken, dass der größte Teil der Guyots im Pazifik und eigentlich auf der ganzen Welt aus einer bestimmten Periode stammt: aus der mittleren Kreidezeit. Sie sind im Allgemeinen zwischen 120 und 90 Millionen

Jahre alt. Diese Periode ging mit einer großen Klimaerwärmung einher, was einen raschen Anstieg der Meeresspiegel zur Folge hatte. Das war das Resultat eines besonders
starken Treibhauseffekts, der wiederum durch eine außergewöhnlich heftige submarine Vulkantätigkeit ausgelöst
worden war. Sehr wahrscheinlich bestand darin der Grund
für das Verschwinden hunderter Atolle, die damals zu
Guyots wurden.

Müssen wir heute ein ähnliches Sterben
von Atollen befürchten?

Wie du gehört hast, sind Korallenriffe empfindlich:
Wenn der Meeresspiegel steigt, können sie sterben,
weil sie zu wenig Licht bekommen. Wenn sich das Wasser
zu stark erwärmt, dann gehen die verschiedenen mikros-
kopischen Organismen ein, von denen sich die Korallen
ernähren. Sie verlieren ihre prachtvollen Farben, werden
weiß und sterben ebenfalls. Derzeit sorgt man sich in
verschiedenen Regionen der Erde tatsächlich um die
Korallen. Das Great Barrier Reef im Osten Australiens,
das größte Korallenriff der Welt, hat seit 1985 etwa die
Hälfte seiner Korallen verloren. Dieses Massensterben ist
einem besonders gefräßigen Seestern geschuldet,
aber auch die Folge mehrerer Zyklone und Stürme und
natürlich der globalen Erwärmung. Wir sind weit von
der Vulkantätigkeit der mittleren Kreidezeit entfernt,

aber das Verschwinden der Korallen ist ein besorgnis-
erregendes Indiz für unsere Klimaentwicklung.

Das Ballett der Kontinente

Lass uns noch einmal über die Plattentektonik sprechen.
Hat man durch sie verstanden, wie die Kontinentaldrift
zustande kam?

Ja, und der mutige Wegener wurde, ein wenig verspätet,
rehabilitiert, zumindest im Hinblick auf seine Intuition,
denn zu dieser Zeit war seine Erklärung noch nicht
hinreichend bewiesen. Aber heute weiß man, wann
und wie die Meere entstanden sind... und wie die
Kontinente sich weiter voneinander fort bewegen.

Dann erzähl: «Es war einmal... die Erde, darauf ein weiter Ozean
und ein großes Stück Festland»...

Das war vor einer Milliarde Jahren. Alles bewegt sich im
Innern der Erde und sogar auf ihrer Oberfläche – die
tektonische Aktivität begann, nach allem, was man weiß,
etwa zwei Milliarden Jahre zuvor. Zu dieser Zeit existieren
auf der Erde nur Mikroben. Es gibt einen einzigen Kontinent, den man heute «Rodinia» nennt. Man glaubt, dass
die Erde während dieser Periode mehrmals komplett mit

Eis bedeckt war: eine «Schneeballerde». Rodinia teilt sich schließlich in mehrere Kontinente, während im Meer vor etwas mehr als 500 Millionen Jahren das große Kapitel der Evolution des Lebens beginnt, das wir als «Kambrische Explosion» bezeichnen. Es entstehen die Gliederfüßler, die Weichtiere und eine Reihe anderer Lebewesen, die heute ausgestorben sind. Dann beginnen sich die auseinandergebrochenen Teile neu zusammenzufügen, um wieder einen einzigen Kontinent zu bilden.

Diese Wiedervereinigung ist vor 200 Millionen Jahren abgeschlossen. Wir befinden uns im Zeitalter der Dinosaurier und der Koniferen. Der große Ozean nennt sich «Panthalassa» («das ganze Meer» auf Griechisch).

Aus ihm wird schließlich der Pazifik werden. Der große Kontinent heißt «Pangaea» (auf Griechisch entsprechend «die ganze Erde»). Im Nordosten Afrikas macht sich bereits das rasche Vorrücken eines Ozeans bemerkbar, den man «Thetys» nennt. Auf Pangaea leben riesige Reptilien, und die Vegetation ist üppig. Infolge der inneren Bewegungen der Planetenmasse, die ich dir vorhin erklärt habe, wird Pangaea auseinander brechen, zunächst in zwei Kontinente: «Laurasia» im Norden, das spätere Asien, Europa und Nordamerika, und «Gondwana» im Süden, aus dem Afrika, Südamerika, Australien, die Antarktis und Indien hervorgehen.

Vierzig Millionen Jahre später füllt ein Meer den Raum

zwischen dem (zukünftigen) Nordamerika und dem (zukünftigen) Afrika: Der Atlantik entsteht, teilweise durch die Ausbreitung der Thetys nach Westen. Noch einmal vierzig Millionen Jahre später vergrößert sich der Riss, das spätere Südamerika und Afrika lösen sich voneinander und schaffen schrittweise eine Öffnung des Atlantiks zum Südpol und zum späteren Island hin, während sich im Südosten Kontinentalmassen von der Ostküste Afrikas lösen und die Antarktis, Australien und Indien bilden werden. Letzteres wird rasch nach Norden wandern, auf Asien stoßen und sich teilweise darunter schieben. Durch diesen Zusammenstoß wird die riesige Gebirgskette des Himalaya entstehen. Damit hat das Gefüge der Kontinente schließlich, vor 40 Millionen Jahren, ungefähr die Gestalt angenommen, die man heutzutage kennt. Die Kontinente sind seitdem weiter gedriftet und haben sich voneinander entfernt. Noch heute rücken Amerika und Europa etwa zwei Zentimeter pro Jahr auseinander.

Was für eine Baustelle!
Das kann man wohl sagen! Würde man die räumliche Konfiguration und die Geographie unseres Planeten seit damals im Zeitraffer beobachten, dann hätte man den Eindruck, einem turbulenten Ballett beizuwohnen: Anziehung, Abstoßung, ein einziger Kontinent, Spaltungen und neue Fusionen, dann wieder spektakuläre Trennungen

und einzelne Teile, die sich wieder zu einem Kontinent verbinden, um schließlich erneut in Stücke zu brechen...

Man könnte sagen ein ziemliches Hin und Her.
Ja, in der Tat, und man könnte sich fragen, ob dieser immer wieder gegenläufige Prozess (Zusammensetzung – Auflösung) in der Natur der Erde liegt, oder ob es sich um eine zufällige Bewegung handelt...

Eigentlich ist auf der Erdoberfläche alles im Fluss, nichts ist fix!
Das hast du richtig erkannt: Alles ist im Fluss, sogar der Ozean!

Und der Pazifik, wie hat er all dieses Durcheinander überstanden?
Ich kann mir vorstellen, dass es nicht reibungslos ablief,
als sein Becken kleiner wurde?
Er ist jetzt natürlich nicht mehr so riesig wie zu Zeiten von Pangaea, aber er bleibt immer noch der größte aller Ozeane: Er umfasst praktisch die Hälfte des Erdballs. Seine Geschichte ist schwieriger zu rekonstruieren als die des Atlantiks, außerdem weist sein Grund viel stärkere Unebenheiten auf, vor allem im westlichen Teil. Dort stößt man auf eine Ansammlung sehr tiefer Gräben (der Marianengraben ist mit seinen 11 Kilometern der tiefste der Erde), auf Berge und Vulkane. Es existiert auch hier ein Meeresrücken, aus dem das Magma des Erdinneren

austritt, aber er ist bescheidener, verglichen mit dem Rücken des Atlantiks, der sich über dessen gesamte Länge hinzieht. Der Pazifische Rücken verläuft entlang der Westküste Mexikos südwärts, um dann wieder in Richtung Australien umzuschwenken. Jedenfalls scheint es, als hätten sich auf der Ozeankruste in fernster Vergangenheit nicht weniger als fünf Meeresrücken befunden, die nahezu sternförmig miteinander verbunden waren. Vier dieser Rücken wurden durch die Subduktionsbewegungen nach und nach in die großen Gräben des westlichen Ozeans gezogen.

Die Meeressedimente, Archive der Erde

*Kann man mit der Plattentektonik und der Kontinentaldrift
die gesamte Erdgeschichte erklären?*

Nein, nicht ganz. Aber mit Sicherheit ist die Erdgeschichte
nur im Meer auf diese Weise gespeichert, denn dort findet
man am Boden versammelt Ablagerungen, die es uns
erlauben, sehr weit in die Vergangenheit zu blicken.

*Aber man stößt auch bei Erdgrabungen auf Sedimentschichten,
wenn ich mich aus meinem Erdkunde- und Biologieunterricht
richtig erinnere!*

Ja, aber mit ihnen verhält es sich anders. Man findet
zwar zum einen während der Bildung von Gebirgszügen
aufgeworfene Ablagerungen, die jenen der Meeresgründe
entsprechen, zum anderen aber stößt man auf jüngere
Sedimente, die sich an Ort und Stelle gebildet haben,
wie der durch den Wind abgelagerte Löss, oder lakustrische,
sich in Seen bildende Sedimente, die nur einige Jahrtau-
sende alt sind.

Wenn man in diesen Dimensionen rechnet, dann sind

das gerade einmal geologische Babys!

Ja, gewiss haben es die Geologen, die Astrophysiker oder die Ozeanographen nicht eilig! Sie denken in Millionen Jahren, während du in Tagen denkst. Aber findest du es nicht auch faszinierend, dir vorzustellen, dass man in den Ablagerungen der Tiefsee, nahezu Seite für Seite, zurückreichend bis in eine Zeit vor 200 Millionen Jahren, die Spuren dessen lesen kann, was die Erde einmal war?

Doch natürlich, das ist wie ein großer Turm mit

versunkenen Archiven.

Genau: Der Ozean ist das Archiv der Erde. Er ist wie ein großes historisches Thermometer, das es uns ermöglicht hat, die Klimaentwicklung der letzten Jahrmillionen zu rekonstruieren, was allein schon beachtlich ist, und davon ausgehend zu verstehen, wie das gesamte System der Erde funktioniert: Ozean – Atmosphäre – Biosphäre. Das Klima ergibt sich aus der ständigen Interaktion dieser drei Elemente. Und das alles bringt dieser kleine, im endlosen Schwarz verlorene Erdball hervor. Nichts kommt von außen, bis auf die Sonnenenergie… und das Wasser der Kometen!

Wie gelingt es euch herauszufinden, was für ein Klima
vor einer Million Jahren herrschte?

Man nimmt Bohrungen am Grund des Meeres vor.
Wie in der Geologie entnimmt man Bohrzylinder von
etwa 30 Metern Länge und geht dann weiter in die Tiefe,
manchmal bis zu zwei Kilometer: Während man nach
unten vordringt, reist man in die Vergangenheit.
Sobald man sich ein wenig weiter vom Festland entfernt,
bestehen diese Sedimentsäulen fast ausschließlich aus
Planktonresten, gebildet von Meeresorganismen, winzigen
Pflanzen oder Tieren, entweder aus Kalk oder Silikat, die
an der Oberfläche lebten und nach ihrem Absterben
auf den Grund gesunken sind. Wenngleich diese Organismen nur eine kurze Lebensdauer von etwa 14 Tagen haben –
es handelt sich um Einzeller wie Amöben oder Mikro-
algen – verändern sie sich ständig entsprechend der Gesetze
der Evolution, und ihre Mutationen geben uns in der Regel
über den Klimawandel Auskunft. Sie sind großartig, diese
winzigen Tierchen, richtige kleine Thermometer: Dank
ihnen kann man die Temperatur und den Salzgehalt
des Wassers zu der Zeit, zu der sie lebten, ungeheuer
präzise bestimmen, auf das Jahrhundert genau!

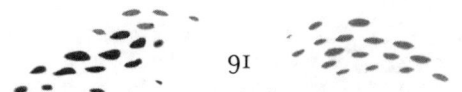

Ich übersetze das mal: In geologischer Zeitmessung ist das
eine Zehntelsekunde!

Sogar weniger: eine Hundertstelsekunde, wenn man das
Alter des Universums mit einem Jahr vergleicht!

Aber ich verstehe nicht, wie diese Tierchen,
die vor Millionen Jahren gelebt haben, die damals
herrschenden Temperaturen speichern konnten!

Wir können bestimmte physikalisch-chemische
Phänomene messen, vor allem den Sauerstoffgehalt,
der in den Kalkschalen dieser Organismen nachweisbar
bleibt. Eine kleine Chemie-Auffrischung: Sauerstoff
besitzt mehrere «Isotope» (mehrere Versionen, wenn
man so will), darunter das Sauerstoff-16-Isotop
(welches in unserem Trinkwasser und in der Luft,
die wir atmen, enthalten ist) und das Sauerstoff-18-Isotop
(das vor allem im Meerwasser vorkommt). Und um das
schnell zu Ende zu führen, ohne dich zu langweilen,
die Dosierung dieser beiden Isotope ist es, die uns über
die Temperatur Auskunft gibt:
Wenn wir in den Planktonschalen viel O18 und wenig O16
finden, dann bedeutet das, dass diese Organismen in
einer kalten Epoche gelebt haben. Ebenso geht man vor,
wenn man die im Polareis eingeschlossenen Luftblasen
aus früheren Zeiten untersucht. Auf diese Weise
konnte man etwa den regelmäßigen Rhythmus der

Vergletscherungen und globalen Erwärmungen seit ungefähr einer Million Jahren rekonstruieren: alle 100 000 Jahre tritt eine Eiszeit auf.

Die biologische Pumpe

Inwiefern offenbaren die heutigen Grabungen unter dem Meer die Gefahren des Klimawandels?

In den Ablagerungen findet man zum Beispiel Kohlendioxidanteile (CO_2) und Temperaturen, die nichts mehr mit den heutigen Verhältnissen zu tun haben: Derzeit hat sich das CO_2 im Verhältnis zu den höchsten Werten, die es während der gesamten Periode der Eiszeiten und Warmzeiten erreichte, verdoppelt. Wie kann man sich dieses Ungleichgewicht erklären? Wie wir uns das schon im Hinblick auf die Strömungen vor Augen geführt haben, ist das Meer eine regelrechte «biologische Pumpe». An der Oberfläche tauschen sich die kleinen Planktonorganismen mit der Atmosphäre aus: Das pflanzliche Plankton, das am häufigsten vorkommt, absorbiert einen großen Teil ihres CO_2. Umgekehrt setzen sie in der Tiefsee, in die sie nach ihrem Tod absinken, viel CO_2 frei, das dank der Strömungen an die Oberfläche steigt, um erneut in die Atmosphäre zu gelangen und dort wieder durch das Plankton absorbiert zu werden. Dieser perma-

95

nente Kreislauf regelt den Kohlendioxidgehalt der Atmosphäre. Wenn die Strömungen sehr stark zirkulieren, dann sorgt die Pumpe dafür, dass der Ozean viel CO_2 absorbiert; bei schwächerer Aktivität reichert sich das CO_2 in der Atmosphäre an. Nun gehört das Kohlendioxid, wie du sicher weißt, zu den wichtigsten Treibhausgasen. Und so ist die biologische Pumpe eines der bedeutendsten Elemente zur Regulation der globalen Temperatur.

Dann ist die Pumpe derzeit zu schwach! Durch den Vergleich mit vergangenen Zeiten kann man also beweisen, dass die Atmosphäre niemals so viel CO_2 enthielt wie heute?

Tatsächlich ist der aktuelle Gehalt außergewöhnlich hoch. Einen solchen Wert hat das Kohlendioxid seit Millionen von Jahren nicht erreicht, und er steigt seit den 1950er Jahren extrem rasch an.

Dieses Gas wird auf natürlichem Wege freigesetzt durch Vulkanausbrüche, Waldbrände und durch alle möglichen biologischen Vorgänge (tierische und pflanzliche Atmung, Zerfall biologischer Substanzen). Die Menge an Kohlenstoff, die weltweit über diese natürlichen Quellen produziert wird, beträgt etwa drei Milliarden Tonnen. Aber man schätzt, dass mehr als 7 Milliarden Tonnen (mehr als das Doppelte!) an Kohlenstoff durch die menschliche Nutzung fossiler Energien und durch die Entwaldung verursacht werden. Aber nur ein Teil dieses Gases kann

absorbiert werden – einerseits durch das Wasser des Ozeans, so wie ich dir das erklärt habe, und andererseits durch die Pflanzen auf der Erde, die sich davon ernähren.

Du hast mir die Wirkung der Klimaerwärmung auf den Meeresspiegel schon anhand des Sterbens von Atollen vor Augen geführt. Aber eines verstehe ich nicht: Am Anfang hast du behauptet, dass das Wasservolumen der Weltmeere konstant sei, und nun sagst du mir, dass der Spiegel steigt? Wo kommt dieses Wasser denn her?

Wenn sie sich erwärmen, dann dehnen sich die Wassermassen der Ozeane aus, sie beanspruchen folglich mehr Platz, und der Meeresspiegel steigt. Das Eis der Polarkappen, das aus gefrorenen Schneeansammlungen besteht, schmilzt nach und nach. Diese Verlagerung des Wassers von den Kontinenten ins Meer lässt seinen Spiegel ansteigen. In diesem Zusammenhang muss man aber das Polareis vom «Meereis» unterscheiden, das zu Eis gefrorenes Meerwasser ist. Das Schmelzen des Meereises lässt den Meeresspiegel nicht ansteigen. Das kannst du dir leicht klar machen, indem du einen Eiswürfel in einem Wasserglas schmelzen lässt: Es wird hinterher nicht mehr Wasser im Glas sein. Stattdessen hat aber das Verschwinden des Meereises katastrophale Folgen für die Tierwelt vor Ort wie die Eisbären, die ernsthaft bedroht sind. Zudem spielt das Meereis eine wesentliche Rolle für das Gleichgewicht

des Klimas. Seine weiße Oberfläche reflektiert die Sonnenstrahlen: Wenn es verschwindet, dann zieht das eine
direkte, intensivere Sonneneinstrahlung und damit
einen Temperaturanstieg nach sich. Man geht davon aus,
dass das Meereis des arktischen Sommers in einigen
Jahren komplett geschmolzen sein wird.

Nun hast du mir die Gründe für diesen Anstieg
des Meeresspiegels erklärt, und was sind die Folgen?
Zwischen einer Eiszeit und einer Warmzeit variiert der
Meeresspiegel um etwa 130 Meter bei einer Schwankung
der globalen Temperatur von nur 5 bis 6 °C. Jüngste
Prognosen sagen einen Wasseranstieg von 40 Zentimetern
bis vielleicht über einen Meter voraus, bei einer Erwärmung
von 2 bis 4 °C von heute bis zum Ende des Jahrhunderts,
wenn es uns gelingt, unsere Treibhausgasemissionen zu
drosseln. Schaffen wir das jedoch nicht, dann könnte
der Anstieg doppelt so hoch sein.

Wenn ich das richtig überschlage, dann verstehe ich nicht,
warum eine Temperaturerhöhung von 2 bis 4 °C den Meeresspiegel
nur um etwa einen Meter ansteigen lassen würde, obwohl du
sagtest, dass er bei einer Erwärmung von 5 bis 6 °C um 130 Meter
variiert hat…
Es handelt sich hier um zwei unterschiedliche Kontexte.
Während einer Eiszeit existiert eine sehr große Menge an

Eis, das schmelzen kann. In einer Warmzeit ist an den Polarkappen wesentlich weniger Eis vorhanden, und diese Differenz der Eismassen erklärt einen geringen Anstieg des Meeresspiegels. Heute jedoch bedroht dieser Anstieg zahlreiche sehr niedrig gelegene Länder. Allein in Frankreich muss man sich zum Beispiel darauf gefasst machen, dass die Camargue untergeht, und auf der ganzen Welt werden massive Wanderungsbewegungen stattfinden: Viele Regionen, wie die Atolle und die großen Deltas, werden unbewohnbar sein, was Millionen von «Klimaflüchtlingen» auf die Meere und Straßen treiben wird.

Das erstickte Meer

Dann muss man also auf das Meer Acht geben!

Man muss auf alles Acht geben: auf die Atmosphäre,
auf die Biosphäre, die Bäume, die CO_2-Emissionen und
natürlich auf das Meer. Und für den Anfang wäre es
naheliegend, das Meer nicht mehr als Mülleimer zu benut-
zen. Wusstest du, dass man auf hoher See gigantische
Müllansammlungen findet, die man als «Plastikkontinente»
bezeichnet?

Ich habe einmal an einer großen Strandsäuberungsaktion
teilgenommen, und ich war perplex, wie viele Tüten und Plastik-
flaschen wir aufgesammelt haben. Welche Mengen davon
erst im Meer schwimmen, kann ich mir nicht recht vorstellen.
Sind diese Kontinente wie Inseln?

Das Wort «Kontinent» ist ein wenig übertrieben, denn
man könnte sie nicht betreten ohne unterzugehen! Es
handelt sich um riesige Flächen, auch wenn die Abfälle
nicht sehr dicht beieinander schwimmen (etwa ein Objekt
pro Quadratmeter). Ein Seefahrer hat schon vor 15 Jahren,

während der Durchquerung selten befahrener Gewässer des Pazifiks, ein auf diese Weise mit Plastikmüll bedecktes gigantisches Areal entdeckt. Seine Oberfläche ist drei mal so groß wie die Frankreichs, was bedeutet, dass es sich um tausende von Milliarden weggeworfener Dinge handelt: Flaschen und Tüten, aber auch Kajaks, Fußbälle, Kinderspielzeuge… Sie trieben vielleicht schon seit Jahren im Meer (Plastik hat eine Lebensdauer von mehreren Jahrhunderten) und haben sich dort gesammelt, in dieser ausgedehnten, von den Meeresströmungen umgebenen Zone, wo sie unaufhörlich im Kreis driften. Seither ist man im Pazifik, im Atlantik und im Indischen Ozean auf drei weitere solcher Gebiete gestoßen.

Das ist schrecklich! Es kommt vor,
dass Fische an Plastiktüten ersticken.

Ja, tatsächlich sind die Auswirkungen auf die Meeresfauna verheerend: Die Schildkröten, Albatrosse, Weißwale oder Delphine halten sie für Quallen, und wenn sie sie verschlucken, dann ersticken sie.
Dem Umweltprogramm der Vereinten Nationen zufolge, verursachen Plastikabfälle jährlich den Tod von über einer Million Vögeln und mehr als 100 000 Meeressäugetieren. In den Mägen der toten Tiere fand man Einwegspritzen, Zahnbürsten, Feuerzeuge. Halte dir immer vor Augen, dass alles, was durch das Wasser von der Oberfläche

der Kontinente weggeschwemmt werden kann, früher oder später im Meer landet.

Ganz zu schweigen von dem, was direkt hineingeleitet wird: Öl, Chemikalien…

… Und von den Tankreinigungen, bei denen es sich um mutwillige Verschmutzung handelt: Die Tanker fahren aufs Meer hinaus, um dort ihre Tanks zu säubern, und die Ölrückstände werden mit den Reinigungsmitteln über Bord gekippt. Aber auf weniger direktem Wege sorgt auch unsere Industrie dafür, dass sich chemische Stoffe im Wasser lösen und in die Flüsse und ins Meer gelangen. So verhält es sich etwa mit phosphat- und nitratreichen Düngemitteln, die man in der Landwirtschaft einsetzt. Oder mit Industrieabfällen, die gelöste Schwermetalle wie Blei und Quecksilber enthalten. Man hat ihre schädliche Wirkung lange ignoriert, mittlerweile aber werden sie streng kontrolliert. Sehr oft bemerkt man diese Schadstoffe nur durch die Auswirkungen, die sie auf die marine Fauna und Flora haben. So ist man auf Meeresregionen gestoßen, aus denen alles Leben verschwunden ist. Man nennt sie «Todeszonen».

Du meinst Zonen, in denen es nichts gibt außer Meerwasser, ohne dass etwas darin leben könnte? Wie kommt es soweit?

Durch Sauerstoffmangel. Fische und andere marine Lebensformen atmen den im Wasser gelösten Sauerstoff, um zu überleben. Wenn es in bestimmten Regionen der Erde zu einem Mangel an diesem Molekül kommt, dann sterben alle Lebewesen. Die größte uns bekannte Todeszone befindet sich im Golf von Mexiko. Sie erstreckt sich über eine Fläche, die halb so groß ist wie Belgien. Es gibt eine weitere in der Ostsee. Dort wurden nach dem Ersten Weltkrieg große Mengen an Munition versenkt, was fatale Folgen hatte. Satellitenbeobachtungen zufolge ist die Gesamtfläche der Todeszonen zehn mal größer als die Frankreichs.

Aber warum verschwindet der Sauerstoff?

Meist handelt es sich um ein Phänomen, dem man den komplizierten Namen «Eutrophierung» gegeben hat. In Küstengebieten vor landwirtschaftlich stark genutzten Regionen, wo intensiv Ackerbau und Viehzucht betrieben wird, tragen Rückstände von Düngemitteln, die reich an hocheffizienten Nährstoffen, vor allem an Nitraten und Phosphaten sind, zur starken Vermehrung von Grünalgen bei. Das Ergebnis: Die Sonnenstrahlen können diese dichte pflanzliche Decke, die selbst große Sauerstoffmengen absorbiert und die unterhalb liegende Wasserschicht dessen

beraubt, nicht durchdringen. Fische versuchen solche Gebiete in der Regel zu meiden. Lebewesen, die unfähig sind zu fliehen, zum Beispiel weniger bewegliche Organismen wie Weichtiere, können dem Tod jedoch nicht entrinnen. Ihre Überreste sinken auf den Meeresgrund, wo sie sich zersetzen. Diese Zersetzung verbraucht ebenfalls Sauerstoff, was den Prozess, der zum Tod jener Zone führt, noch verstärkt. Das hat auch für die Anwohner schwere Folgen. Die Grünalgenteppiche, welche die Strände mehrere Dutzend Zentimeter dick bedecken, verrotten an der Luft und setzen extrem giftige Gase frei. An einigen Küsten in der Bretagne kam es dadurch in den letzten Jahren zu tödlichen Unfällen.

Wird dieses Phänomen immer von Menschen verursacht?

Nein, natürlich existieren auch in den tiefen Schichten des Meeres Regionen ohne Sauerstoff, wie zum Beispiel im Schwarzen Meer, wo praktisch kein Austausch zwischen dem Wasser der Oberfläche und dem Tiefenwasser stattfindet. Durch die fehlende Zirkulation bleibt die Sauerstoffarmut in der Tiefe bestehen, und so kann dort nichts überleben... Diese «natürliche» Erstickung der Meere hat vermutlich eine bedeutende Rolle bei einigen der planetarischen Umwälzungen gespielt, die für die Massenaussterben der Vergangenheit verantwortlich waren. Heutzutage verstärkt sich dieses Phänomen zusehends aufgrund der industriellen

Verschmutzung (im Schwarzen Meer zum Beispiel durch Verunreinigungen, die von der Donau mitgeführt werden), und anscheinend kann man es nur schwer aufhalten. Hinzu kommt noch, dass der Anstieg der Treibhausgase in der Atmosphäre zur Übersäuerung des Meerwassers führt, was die marine Tier- und Pflanzenwelt ebenfalls stark aus dem Gleichgewicht bringt.

Wie kommt es zur Übersäuerung?
Das Meer absorbiert ungefähr zwei Drittel des in der Atmosphäre vorhandenen Kohlendioxids (das, einmal im Wasser gelöst, zur Säure wird). Da dessen Konzentration ansteigt, ist das Wasser der Meere etwa um 30% saurer als vor der Industrialisierung. Ein sehr hoher Säuregrad schadet Organismen, die aus Kalkstrukturen bestehen wie Plankton, Austern und Muscheln. Ihre Schalen werden angegriffen und ihr Leben dadurch bedroht. Nun hat aber das fortschreitende Aussterben dieser Organismen Auswirkungen auf die gesamte marine Nahrungskette. Diese reicht vom Plankton über die Arten, die sich von ihm ernähren (Fische und andere Lebewesen), bis hin zu den großen Fischen, welche die kleineren fressen und so weiter. Alles Leben im Meer wird davon in Mitleidenschaft gezogen.

Fische in Gefahr

Es kann also sein, dass die Fische bald aus den Meeren
verschwinden?

Ja, genau das tritt bereits in großem Umfang ein.
Und dafür ist auch wieder der Mensch verantwortlich.
Im Übrigen doppelt verantwortlich: zum einen, wie wir
bereits festgehalten haben, durch die Folgen der Industrialisierung und intensiven Landwirtschaft und zum anderen
durch den Fischfang. Dieser leidet jedoch selbst unter
der Verödung der Meere, welche die Umweltverschmutzung
nach sich zieht. Wie du siehst, handelt es sich um einen
Teufelskreis. Umweltverschmutzung und intensiver Fischfang verstärken gemeinsam die Fischarmut der Meere.
Man hat berechnet, dass sich der Bestand an essbaren
Fischen seit 1945 auf ein Sechstel verringert hat, während
die Menge an gefangenem Fisch heute zehnmal so groß ist.
Überschlage das einmal! Das Resultat ist, dass die Fang-
gebiete leergefischt sind, tausende von Fischern arbeitslos
geworden sind und ganze Regionen verarmen.

Muss man den Fischfang also verbieten?

Nein, natürlich nicht: Auf angemessene Weise betrieben, können Fischfang und Jagd zur Regulierung der Arten beitragen. Der Mensch jedoch ist ein unvernünftiges und unkontrolliertes Raubtier von furchterregender Effizienz. Er bedient sich hochentwickelter Techniken, etwa engmaschiger Netze (die zwar verboten, aber weiterhin in Gebrauch sind), er praktiziert Tiefseefischerei mit Schleppnetzen, die über den Meeresgrund gezogen werden, alles mit sich reißen und die Ökosysteme zerstören, oder er setzt sogar Satelliten ein, um Fischschwärme ausfindig zu machen.

Dann muss man doch nur damit aufhören, Fisch zu essen!
Das käme mir übrigens gelegen, weil ich mir sowieso nicht viel daraus mache...

Ich weiß, aber das ist auch keine Lösung. In erster Linie, weil es nicht realisierbar ist – wie sollte man der ganzen Welt den Fischkonsum verbieten? Und außerdem bedrohen alle Maßnahmen, welche brutal ein System unterbrechen, das Gesamtgleichgewicht. Der intensive Fischfang gehört im Übrigen auch zu diesen brutalen Eingriffen, und das Resultat macht sich bemerkbar. Sogar sehr rasant. Es ist schwer zu glauben, dass die heute fast verschwundenen Kabeljaue noch vor wenigen Jahrhunderten so zahlreich im Atlantik schwammen, dass man sie mit bloßer Hand

fangen konnte! Dem alten Bericht eines Fischers zufolge, verstopften sie die Häfen Neufundlands derart, dass es für die Schiffe manchmal schwer war, bis zu den Kais zu gelangen und dort anzulegen. Jacques Cartier, der 1534 an der kanadischen Küste landete, erzählte sogar, dass man auf hoher See ankern und den Hafen über die Rücken der Kabeljaue trockenen Fußes erreichen konnte.

Ohne bis zu Jacques Cartier zurückzugehen, erinnere ich mich an die Halbinsel Gaspésie in Québec, wo ich als Kind gewesen bin. Ich fuhr manchmal mit den Kabeljau-

fischern auf ihren großen Barken in den Sankt Lorenz-Golf hinaus. Die Gaspésie-Halbinsel liegt am linken Ufer des Stroms, und früher lebte die gesamte Bevölkerung vom Fischfang. Jedes Dorf besaß, wegen des Geruchs etwas abseits vom Zentrum gelegen, große Gitterroste zum Trocknen der Kabeljaue. Man roch sie von Weitem, lange bevor man den Kirchturm erspähte! An Bord der Barken wurde geangelt, und schon bald häuften sich die Kabeljaue auf dem Boden des Frachtraums. Aber schon damals war die Kabeljaufischerei reglementiert. Man fürchtete die Patrouillen des Fischereiministeriums und sagte zu mir:

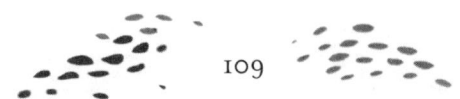

«Versteck die kleinsten unter deiner Bank!» Ich fragte warum, aber niemand antwortete mir. Später wurde es mir klar. Aufgrund des rapiden Rückgangs dieser Fischart hielt man sich nicht mehr an die Vorgaben, die bezüglich der zulässigen Größe der gefangenen Fische galten. Man holte zunehmend auch die kleinen aus dem Wasser. Ein fataler Fehler! Immer seltener erreichten die Kabeljaue das fortpflanzungsfähige Alter. Nach einiger Zeit kehrten die Boote leer zurück. Die Kabeljaupopulation war zusammengebrochen. Man muss nicht so alt wie ich oder Jacques Cartier sein, um die besten Zeiten der Fischerei vor Neufundland erlebt zu haben: Das Aussterben der Kabeljaue setzte erst vor 20 Jahren ein, und eine Dekade später waren sie fast alle verschwunden. Seither wartet man vergebens auf ihre Rückkehr.

Warum vergebens? Vermehren sie sich nicht, obwohl man sie in Ruhe lässt?

Es gibt eine Schwelle, unterhalb derer sich die Arten nicht mehr erholen können. Wenn die Population einer Art unter 10% ihrer «natürlichen» Größe absinkt, also jene Häufigkeit, die man vor mehreren Jahrzehnten beobachten konnte und die sich offensichtlich stabil hielt, dann vermehren sich die verbliebenen Exemplare nicht einmal ausreichend, um ihre natürlichen Fressfeinde zu ernähren, und das Aussterben steht bevor. Das ist aufgrund der

Überfischung für viele essbare Meerestierarten global zu befürchten: für den Kabeljau, aber auch den Wildlachs, den Thunfisch, den Seeteufel, die Seezunge, die Felsengarnele, den Rochen, den Seehecht, für alle Walarten und schließlich für die Lederschildkröte wie auch für die Riesenschildkröte der Galapagosinseln und der Seychellen. Man fischt heute 2,5 mal mehr Fische, als sich wieder reproduzieren.

Warum macht man damit immer weiter?

Solange der Markt lukrativ ist, und er droht es immer mehr zu werden, je weniger Fische es gibt, solange wird es auch Lobbys der Lebensmittelindustrie geben, die ihn vorantreiben. Der Umgang mit rotem Thunfisch etwa ist skandalös. In Japan wird er in Form von Sushi und Sashimi in enormen Mengen konsumiert, eine Mode, die übrigens trotz der von Wissenschaftlern seit langem geforderten Schutzmaßnahmen alle westlichen Länder erfasst hat. Seit der rote Thunfisch immer seltener wird, zahlt man für ihn teilweise Unsummen. Anfang 2014 wurde ein außergewöhnlicher, 222 Kilo schwerer Thunfisch auf einer Auktion in Japan für 1,38 Millionen Euro, also mehr als 6000 Euro pro Kilo, verkauft!

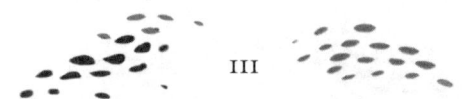

Daran werde ich denken, wenn man mir das nächste Mal

Sushi anbietet! Was müsste man tun, um dieses

Massaker aufzuhalten?

Was die Überfischung angeht, so gäbe es eine einfache Lösung. Der Artenschutz ist sogar eines der Probleme, die am leichtesten zu regeln sind: Man muss für die Einhaltung der bereits existierenden internationalen Verordnungen sorgen (das allerdings ist schwierig), wobei es genügt, lokale Schutzgebiete einzurichten, in denen der Fischfang (oder die Jagd) verboten ist. Durch dieses Vorgehen kommt es im Allgemeinen häufig zu Kämpfen mit Fischern (Berufs- oder Hobbyfischer), aber man weiß, dass es effizient ist. Um ein global gesehen winziges Beispiel zu geben: Als wir mit der Studiengruppe, die sich mit dem Zackenbarsch beschäftigte, vor Port-Cros ein absolutes Schutzgebiet eingerichtet haben, um die aus dem Mittelmeer quasi verschwundenen Zackenbarsche zu retten, kehrten diese innerhalb einiger Jahre zurück, und es stellt sich sogar die Frage, ob man den Fischfang in bestimmten Zonen wieder zulässt. Gewiss, die Natur ist fragil, aber sie kann sich auch schnell regenerieren.

Wasser für alle

Jetzt verstehe ich endlich, dass die Zukunft der Erde vom Meer abhängt...

Das ist ein sehr schöner Gedanke, und ich stimme dir zu! Nachdem wir uns all diese Katastrophen vor Augen geführt haben, betrachten wir noch einmal das Meer vor uns.
Du siehst, es ist immer noch da! Im Grunde liegt die Kraft des Meeres darin, dass es ewig ist.

Ewig?

Damit meine ich, dass es wie ein Wunder ist, wenn man sich klar macht, dass das Wasser nicht von der Erde verschwindet. Die Menge bleibt immer gleich, wie wir bereits festgestellt haben. Zugegeben, dieses Wasser wird immer schmutziger, immer nährstoffärmer, aber wenn man prinzipiell davon ausgeht, dass Wasser das lebensspendende Element ist, dann ist es tatsächlich so:
Unsere Zukunft hängt vom Meer ab...

Ja, aber was machst du mit dem Salz?

Genau das ist die Frage: Ich finde die richtige Technologie, um das Meerwasser zu entsalzen und trinkbar zu machen. Und ich löse damit eines der großen Probleme für das menschliche Leben auf unserem Planeten: den Zugang zu Trinkwasser und die enorme Ungleichheit aufgrund der Klimaunterschiede, welche die Landwirtschaft in vielen der ärmsten Regionen auf der Erde unmöglich machen. Um das Trinkwasser sind auf der Welt schon viele Kriege entbrannt. Wenn es uns überall auf der Welt – und vor allem in Afrika – gelänge, das Meerwasser in kleinen, lokalen, durch Solarenergie betriebenen Fabriken aufzubereiten und Transport- und Verteilungswege aufzutun (immerhin hat man mühelos Mittel zum Bau von Erdöl- und Ferngasleitungen in den unwirtlichsten Regionen gefunden!), dann würde man für die Menschheit einen Fortschritt erringen... ohne auf der Erde oder im Meer Schaden anzurichten.

Du bist also ein noch größerer Träumer als ich!

Und du glaubst, dass es im Meer immer genügend Wasser geben wird, wenn man es in großen Mengen entnimmt?

Natürlich! Das Meer ist unerschöpflich, und es gehört eigentlich niemandem, was in der heutigen Zeit ein weiterer großer Vorteil ist. Leider wird an diesem Grundsatz zunehmend gerüttelt, und verschiedenen Ländern ist

es gelungen, ihre Hoheitsrechte im Meer auszuweiten, indem sie sich exklusive, bis zu 200 Seemeilen (etwa 370 Kilometer) von ihren Küsten entfernte Nutzungszonen gesichert haben. Aber das Meer, die Sonne und der Wind bleiben weiterhin die einzigen Ressourcen des Planeten, die hoffentlich nie an der Börse gehandelt werden.

Auf ins Meer!

Erinnert ihr beiden euch daran, wie es war,

als ihr das Meer zum ersten Mal gesehen habt?

Für mich, Hubert, war das ein unvergessliches Erlebnis.
Wie du weißt, war ich mit dem Meer nicht vertraut.
Als Kind war mein «Meer» das, was wir den «Großen See»
nannten. Es handelte sich um den Lac Saint Louis
(ein Teil des Sankt Lorenz-Stroms, flussaufwärts von
Montréal in Québec), an dessen Ufer wir wohnten.
Wenn ich ihn ansah, dann träumte ich vom echten Meer.
Jahre später, während einer Wanderung in der Grafschaft
Charlevoix, deren Berge über der Mündung des Sankt
Lorenz-Stroms aufragen, habe ich es endlich gesehen:
Ich habe das Meer gesehen! Ich konnte meine Augen nicht
davon abwenden, und schon damals hinterließ die
scharfe Trennlinie des Meereshorizonts, über die wir
bereits zu Beginn unserer Unterhaltung sprachen, bei mir
einen bleibenden Eindruck. Der Drang, zu sehen, was
dahinter liegt, eint uns, weil wir das Meer lieben und auch
weil wir mehr wissen wollen. Das ist es letztlich, was

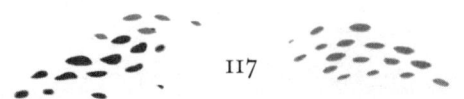

Wissenschaft bedeutet: der Drang, hinter die Dinge zu sehen!

Was mich, Yves, betrifft, so kommt es mir vor, als sei ich mit dem Meer, im Meer geboren worden. Tatsächlich aber bin ich in der Schweiz zur Welt gekommen, stamme jedoch väterlicherseits von einer Familie bretonischer Seeleute ab, in der alle Männer, bis hin zu meinem Großvater, Kapitäne oder Matrosen wurden und auf große Fahrt gingen.

Ich habe das Meer mit sieben Jahren, kurz nach Kriegsende, in Lancieux in der Bretagne zum ersten Mal gesehen.

Ich erinnere mich daran, als stünde ich immer noch dort! Unter meinen Füßen fühle ich noch immer den Sand des mit Muscheln übersäten Strandes, und ich habe den Geruch des Meeres bei Ebbe in der Nase. Ich war wie verzaubert, für immer. Sehr bald wollte ich aufs Wasser hinaus. Ich bin mit kleinen Booten weit hinausgefahren, und mein Onkel brachte mir das Segeln bei. Ich habe von Anfang an gewusst, dass ich eines Tages allein den Atlantik überqueren würde. Als ich 66 Jahre alt war, habe ich mir diesen Kindheitstraum schließlich erfüllt.

Du hast uns oft zum Segeln mitgenommen, aber ich würde gerne wissen, wie das für dich war, über mehrere Wochen ganz allein auf dem Meer zu sein.

Ich möchte dich nicht beleidigen, denn auch ich gehe gerne mit euch segeln, aber ich muss es dir sagen: allein auf dem

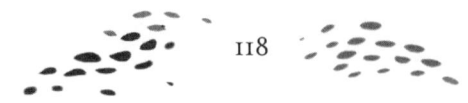

Meer zu sein, das ist das Größte. Es gibt wenige Orte auf der Welt, an denen du ermessen kannst, was wirkliche Einsamkeit bedeutet. Auf einem kleinen zehn Meter langen Boot, einer Nussschale mitten auf dem Atlantik, kannst du es. Und diese Einsamkeit trägt wesentlich zu meiner Lebensfreude bei. Ich war selten so glücklich wie damals, als ich allein übers Meer segelte. Dieses Glück kann man nicht beschreiben.

Versuch es...

Du brichst von den Kanaren aus auf, setzt, sobald du den Hafen verlassen hast, das Großsegel, der Wind fährt hinein, und du spürst, wie das Boot, gleich einem Pferd, schnaubt und sich aufbäumt. Du hisst die Fock, segelst los und lässt alles hinter dir. Dann kommt der Moment, in dem du jede Wegmarkierung aus den Augen verloren hast. Dein GPS zeigt dir zwar deinen Standort auf der Erde durch Längen- und Breitengrad an, aber du selbst siehst um dich herum nichts als die mehr oder weniger glatte, unendliche und wogende Unermesslichkeit des Ozeans. Auf dem Meer hast du keinen sichtbaren Anhaltspunkt mehr. Die Farbe des Wassers, das Licht, die Wellen, der Wind verändern sich unaufhörlich, und es ist anders als in der Wüste oder im Hochgebirge, wo du dich an der Topographie orientieren kannst. Meine irdischen Gewohnheiten über Bord zu werfen, das ist es, was ich daran liebe. Und dann am Ende

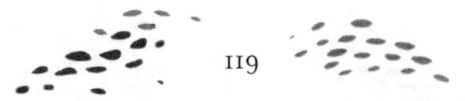

in einem Hafen anzukommen. Das ist jedes Mal so, als käme man von sehr weit her. Man trägt einen Teil der Welt in sich. Kennst du dieses Lied?

«Un beau jour nous rentrerons/ Les yeux pleins de visions/ Les lèvres au goût de sel/ Notre trois-mâts portera/ du poivre ou du tabac, je ne sais quoi/ Nous entrerons dans la ville avec cet air tranquille des grands rois.»[*]

Eines Tages kehren wir zurück/ Visionen in den Augen/ den Geschmack von Salz auf den Lippen/ Unser Dreimaster wird beladen sein/ mit Pfeffer oder Tabak, mit allem Möglichen/ Wir werden einziehen in die Stadt mit jener Gelassenheit großer Könige.»

Also, Eure Hoheit, wann nehmt Ihr mich dann mit auf hohe See?

[*]   Auszug aus Jean Claude Darnal, «Tour du monde» («Weltreise»), 1955

Danksagung

Unser wärmster Dank gilt Camille Scoffier-Reeves,
Édith Vincent-Lancelot, Nelly Boutinot und Catherine
Portevin, die einen entscheidenden Beitrag zur Redaktion
dieses Buches geleistet haben.

Wir danken Jean-Marc Lévy-Leblond und Sophie Lhuillier
von Éditions du Seuil.

Und Dank geht außerdem an Uta, Thomas und Julie
Darnal, die freundlicherweise gestattet haben, dass wir den
Vers aus Jean Claude Darnals Chanson zitieren.

Hubert Reeves, geb. 1932 in Montreal, ist ein franko-kana-
discher Astrophysiker. Für seine Forschungen wurde er mit
zahlreichen wissenschaft-lichen Auszeichnungen, darunter
dem Albert-Einstein-Preis, geehrt. Der Asteroid 9361
wurde auf seinen Namen getauft. Hubert Reeves ist auch im
Umweltschutz aktiv und Präsident der *Ligue ROC pour la préser-
vation de la faune sauvage*. Er hat acht Enkel.

Yves Lancelot (†) war Ozeanograph und Forschungsdirek-
tor am CNRS.

143 Seiten mit 1 Karte. Broschiert ISBN 978-3-406-66462-5

„Der Astrophysiker Hubert Reeves erklärt seiner
Enkeltochter das Universum. Und alles beginnt zu
leuchten." *ZEIT MAGAZIN*

„Mit diesem Großvater wären die warmen Nächte
der letzten Zeit noch wunderbarer gewesen."
Hans ten Doornkaat, Neue Zürcher Zeitung

Nordpolarmeer
Ostsibirische See
Beaufortsee
Baffinbai
Hudson-bai
Beringmeer
Golf von Alaska
Atlanti
Oze
Golf von Mexico
Karibisches Meer
Pazifischer Ozean
Korallenmeer
Tasman-see
Atl
Südlicher Ozean
Weddellmeer